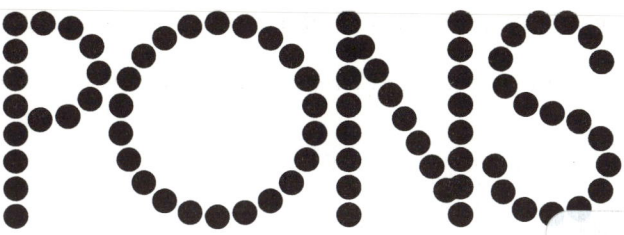

Grammatik Italienisch im Griff

von
Beatrice Rovere-Fenati

Ernst Klett Sprachen
Barcelona • Budapest • London • Posen • Sofia • Stuttgart

PONS
Grammatik Italienisch im Griff

von Beatrice Rovere-Fenati

1. Auflage A1 5 4 3 2 | 2005 2004 2003 2002

© Ernst Klett Sprachen GmbH, Rotebühlstraße 77,
70178 Stuttgart, 2002
erschienen bei Ernst Klett Verlag GmbH, Rotebühlstraße 77,
70178 Stuttgart, 2001
Internet: www.pons.de
e-mail: info@pons.de

Redaktion: Gabriele Forst
Einbandgestaltung: Erwin Poell, Heidelberg;
Designbüro MESCH, Mannheim
Satz: Satz & mehr, Besigheim
Druck: Druckerei zu Altenburg, Altenburg
Printed in Germany.
ISBN 3-12-560975-5

So benutzen Sie dieses Buch

Italienische Grammatik im Griff ist ein Buch zum Nachschlagen, Lernen und Üben.

Sie sind der Typ des/der modernen Lernenden: mit wenig Zeit, aber einem hohen Bedarf an schnell zugänglichen und gut aufbereiteten Informationen. Wenn Sie bemerken, dass Sie bei bestimmten italienischen Wörtern oder Sätzen immer wieder Schwierigkeiten haben, wollen Sie dieses Problem wahrscheinlich kurzfristig und gründlich beseitigen. Damit Sie rasch die richtige Stelle im Buch finden, besitzt diese Grammatik drei verschiedene Verzeichnisse, die Sie ans Ziel führen können:

– *„Grundform", „Adverb", „Artikel" – wenn Sie sich über Sinn und Bedeutung dieser Begriffe nicht mehr im Klaren sind, hilft Ihnen die Übersicht der Grammatikbegriffe am Anfang dieses Buches. Danach können Sie das Thema im entsprechenden Kapitel weiter vertiefen.*

– *Sie sind sich nicht mehr sicher, wann Sie Passato prossimo oder Imperfetto verwenden? Wie war es noch einmal mit den Pronomen? Über das Inhaltsverzeichnis finden Sie schnell heraus, wo Sie nachschlagen können.*

– *Wann benützt man gli? Was ist der Unterschied zwischen ogni und qualche? Das ist kein Problem! Der Index am Ende des Buches führt Sie zur richtigen Stelle.*

Typischer Aufbau eines Grammatikkapitels:

Hier können Sie die Sprache unter die Lupe nehmen:
Sie sehen das Grammatikthema des Abschnitts im Satzzusammenhang und finden zur Sicherung der Bedeutung eine deutsche Übersetzung.

Hier erfahren Sie, wie Sie das Puzzle der Wörter richtig zusammensetzen: Tabellen zeigen Ihnen in knappen Übersichten die wichtigsten Formen/ Endungen. Anhand von typischen Beispielsätzen erfahren Sie, wie Sie die Formen und Wörter richtig in Sätze einbauen und wann und wie Sie die Sätze verwenden können.

Achtung! Hier folgen wichtige Hinweise: An dieser Stelle erhalten Sie Tipps, wichtige Informationen und interessante Hinweise.

Hier erfahren Sie, wo Sie weitere Informationen finden.

Un breve test
Wollen Sie sicher gehen, dass Sie das Wesentliche verstanden haben? 11 Tests zu den wichtigsten Grammatikkapiteln ermöglichen Ihnen eine schnelle Überprüfung Ihrer Kenntnisse.

Inhaltsverzeichnis

Der Artikel

~ Chi è **il** signore là in fondo?
≈ È **un** amico di mio padre.

~ Dov'è **il** giornale?
≈ **Sul** tavolo o **nella** cartella.

I vicini hanno **un** figlio e **una** figlia.
Il figlio si chiama Carlo, **la** figlia Lea.

La figlia ha **un** ragazzo, Marco.
È **un** tipo molto simpatico.

~ Wer ist der Herr dort hinten?
≈ Er ist ein Freund meines Vaters.

~ Wo ist die Zeitung?
≈ Auf dem Tisch oder in der Mappe.

Der Artikel gehört zum Substantiv. Es gibt männliche und weibliche Artikel in der Ein- und Mehrzahl.

Außerdem unterscheidet man zwischen dem bestimmten und dem unbestimmten Artikel.

Der bestimmte Artikel

Formen

Ho comprato **il** pane, **lo** zucchero,
 l'acqua e **la** carne al supermercato;
 i peperoni, **gli** spinaci e **le** melanzane
invece al mercato.

Il, lo, l' und la lauten die Formen des bestimmten Artikels in der Einzahl, i, gli und le die Formen in der Mehrzahl. Welche Form Sie nehmen müssen, hängt von dem Geschlecht des Substantivs und von seinem Anfangsbuchstaben ab.

Männliche Substantive

Einzahl		Mehrzahl	
il	mese	i	mesi
	cane		cani
lo	studio	gli	studi
	specchio		specchi
	zio		zii
l'	amico	gli	amici
	elefante		elefanti

Bei männlichen Substantiven steht:

– il in der Einzahl und i in der Mehrzahl, wenn die Substantive mit einem Konsonanten beginnen.

– lo in der Einzahl und gli in der Mehrzahl, wenn sie mit s + Konsonant oder mit z beginnen.

– l' in der Einzahl und gli in der Mehrzahl bei a, e, i, o oder u als Anfangsbuchstaben des Substantivs.

5

*Die Formen **lo** bzw. **gli** finden Sie auch bei Wörtern wie **lo psicologo, lo yacht, lo xenofobo, gli gnocchi**, also bei männlichen Substantiven, die mit **ps, y, x** oder **gn** beginnen. Oft werden Sie auf solche Wörter allerdings nicht stoßen.*

Weibliche Substantive

Einzahl		Mehrzahl	
la	casa	le	case
	madre		madri
l'	amica	le	amiche
	idea		idee

*Bei weiblichen Substantiven verwenden Sie in der Einzahl **la**, wenn das Substantiv mit einem Konsonanten beginnt, **l'** wenn es mit **a, e, i, o** oder **u** anfängt.*
*In der Mehrzahl nehmen Sie immer **le**.*

Was passiert mit dem Artikel, wenn zwischen Artikel und Substantiv ein Adjektiv tritt?

Die Form des Artikels richtet sich dann nach dem Geschlecht des Substantivs und nach dem Anfangsbuchstaben des Adjektivs:

il film → **lo** stesso film → **l'**ultimo film
l'idea → **la** stessa idea

Gebrauch

Es gibt Fälle, in denen im Italienischen der bestimmte Artikel steht und im Deutschen nicht.

Der Artikel steht:

Ieri ho visto **il** signor Busi.
Sai dove abita **la** signora Merli?
Ha telefonato **il** dottor Masu.

Buongiorno **professor** Costa, come sta?

Normalmente **la** domenica vado dai miei genitori. **Domenica prossima** però vado al mare con alcuni amici.
La sera torno a casa tardi. **Ieri sera** invece ero a casa alle sette.

*– vor **signor, signora, signorina** + Name sowie vor Titel + Name, wenn Sie <u>über</u> die Person sprechen.*

Den Artikel lassen Sie jedoch weg, wenn Sie die Person ansprechen.

– wenn Sie sagen wollen, dass Sie zu bestimmten Tageszeiten und Wochentagen immer etwas tun. Ansonsten lassen Sie den bestimmten Artikel weg.

~ Che ora è? ≈ Sono **le** quattro. Partiamo verso l'una. Arriviamo dopo **mezzanotte**.	– *wenn Sie die Uhrzeit angeben.* *Der Artikel steht nicht bei **mezza-** **notte** und **mezzogiorno**.*
Mi piacerebbe vedere l'America. ~ Ti piace l'Italia? ≈ Sì, soprattutto **la** Toscana e **la** Sicilia.	– *bei Kontinenten, Ländern, Regio- nen und größeren Inseln.*
Quando andate **in** Francia?	*Der Artikel fällt weg, wenn **in** vor dem Substantiv steht.*
Lea ha **i** capelli corti, **gli** occhi chiari e porta **gli** occhiali. Fausto ha **le** spalle larghe e **le** braccia muscolose.	– *bei der Beschreibung von Körper- teilen und sonstigen äußeren Merkmalen einer Person.*
Lea non porta mai **i** jeans. Se vai dal direttore devi mettere **la** cravatta.	– *bei Kleidungsstücken, wenn damit eine Kleidungsart gemeint ist.*
La frutta e **la** verdura fanno bene. Ascolto volentieri **il** jazz. Anche a te non piace l'opera?	– *bei verallgemeinernden Aussagen und wenn mit einem Substantiv eine ganze Gattung gemeint ist.*
Il rosso mi piace, **il** giallo no. Leo sa **il** tedesco e **il** russo. Clara ha **il** raffreddore e **la** tosse; forse ha l'influenza.	– *bei Farben, Sprachen, Krankheiten.*
Il 1968 è stato un anno importante.	– *bei Jahreszahlen.*

Präpositionen + bestimmter Artikel

Il treno arriva **alle** nove. La valigia è **sull'**armadio. Stasera vado **dai** Corà.	*Der Zug kommt um 9 Uhr an.* *Der Koffer ist auf dem Schrank.* *Heute Abend gehe ich zu den Coràs.*

Einzahl

+	il	lo	l'	la
a	al	allo	all'	alla
da	dal	dallo	dall'	dalla
di	del	dello	dell'	della
in	nel	nello	nell'	nella
su	sul	sullo	sull'	sulla

*Wenn vor dem bestimmten Artikel die Präposition **a, da, di, in** oder **su** steht, verbinden sich die beiden zu einem einzigen Wort.*

Mehrzahl

+	i	gli	le
a	ai	agli	alle
da	dai	dagli	dalle
di	dei	degli	delle
in	nei	negli	nelle
su	sui	sugli	sulle

Dies gilt auch dann, wenn der Artikel in der Mehrzahl steht.

Es kann vorkommen, dass auch die Präposition **con** mit dem nachfolgenden bestimmten Artikel verbunden wird. Meist zieht man jedoch die getrennte Variante vor, also zum Beispiel **con il treno, con i miei genitori** anstatt **col treno** und **coi miei genitori**.

 Weitere Erklärungen zu den Präpositionen finden Sie in dem Kapitel über die Präpositionen.

Der unbestimmte Artikel

Formen

A Natale ho ricevuto **un** libro, **uno** scialle, **una** borsetta e **un'**agenda.

*Bei dem unbestimmten Artikel müssen Sie sich nur wenige Formen einprägen und zwar **un** und **uno** als männliche Formen sowie **una** und **un'** als weibliche Formen.*

Männliche Substantive

Bei männlichen Substantiven verwenden Sie:

un	mese cane amico elefante	– **un**, wenn die Substantive mit einem Konsonanten oder mit einem Vokal (**a, e, i, o, u**) beginnen. Beachten Sie, dass **un** auch vor einem Vokal keinen Apostroph hat.
uno	studente sciopero zio	– **uno**, wenn die Substantive mit **s** + Konsonant oder mit **z** beginnen.

*Die Form **uno** des unbestimmten Artikels steht auch vor Substantiven, deren Anfangsbuchstaben **gn, ps, y** oder **x** lauten:*

uno gnomo, **uno ps**icologo, **uno y**acht, **uno x**enofobo

Weibliche Substantive

Bei weiblichen Substantiven nehmen Sie:

una	casa madre storia	– **una**, wenn das Substantiv einen Konsonanten als ersten Buchstaben hat.
un'	amica idea	– **un'**, wenn der erste Buchstabe ein Vokal ist. Vergessen Sie hier den Apostroph nicht!

Denken Sie daran, dass sich auch bei dem unbestimmten Artikel die Form verändern kann, wenn ein Adjektiv vor dem Substantiv steht:

uno specchio → **un** grande specchio
un'idea → **una** bellissima idea

Gebrauch

Wie im Deutschen setzen Sie den unbestimmten Artikel:

Chi conosce **un** buon dentista?
Ho bevuto **un** ottimo vino.

– *wenn es um keine bestimmte Person bzw. Sache geht.*

Ho **una** fame!   Ho **un** sonno!

– *um eine Aussage zu verstärken.*

Anders als im Deutschen steht kein unbestimmter Artikel:

Che **sfortuna**!   Che bella **giornata**!

– *bei Ausrufen,*

Mi dia **mezzo** chilo d'uva.
Abitiamo qui da **mezzo** anno.
Il treno arriva fra **mezz'**ora.

– *vor **mezzo**.*

Der Teilungsartikel

~ Vuoi **del** tè freddo?
≈ Ho già bevuto **dell'**acqua, grazie.

~ *Willst du Eistee?*
≈ *Ich habe schon Wasser getrunken, danke.*

Ho comprato **del** pane.
Come dessert ci sono **dei** biscotti.
Vado al cinema con **degli** amici.

Mit dem Teilungsartikel können Sie eine unbestimmte Menge bzw. eine unbestimmte Anzahl angeben.

*Er setzt sich aus der Präposition **di** und dem bestimmten Artikel zusammen:*

Ho comprato **del** pane.	di + il	= del,
Nel dessert c'è **dello** yogurt.	di + lo	= dello,
Ho bevuto **dell'**acqua minerale.	di + l'	= dell',
Ho mangiato **della** frutta.	di + la	= della,
Ho visto **dei** bei film.	di + i	= dei,
Ho comprato **degli** spaghetti.	di + gli	= degli,
Stasera esco con **delle** amiche.	di + le	= delle.

Lassen Sie den Teilungsartikel bei verneinten Sätzen, bei Mengenangaben sowie bei Aufzählungen, bei denen die Menge unwichtig ist, weg:

A pranzo non bevo **vino**.   Non c'è più **zucchero**.
Marco non ha **amici**.   Mi dia **un chilo** di mele, per favore.
Ho poche **amiche**.   Il condimento è fatto solo con **sale, pepe, olio** e **aceto**.

Das Substantiv

Das Geschlecht der Substantive

L'**italiano** è una **lingua** melodica.

Italienisch ist eine melodische Sprache.

il **letto**
il **mese**

la **lingua**
la **notte**

Im Italienischen sind die Substantive männlich oder weiblich. Sächliche Substantive wie im Deutschen gibt es nicht.

Das Geschlecht eines Substantivs erkennen Sie in der Regel an seiner Endung.

Männliche Substantive

Die meisten männlichen Substantive:

il let**to**, lo specchi**o**, l'armadi**o**
il mes**e**, il bicchier**e**, il nom**e**

– enden auf -o,
– viele enden auf -e.

Es gibt aber auch einige männliche Substantive:

il ba**r**, il fil**m**, il fa**x**, lo spor**t**, l'autobu**s**,
   il compute**r**
il programm**a**, il cinem**a**, il sof**à**,
   il telegramm**a**, il problem**a**

– die auf einem Konsonanten enden.

– mit der Endung -a, wenn auch nur wenige.

Weibliche Substantive

Die weiblichen Substantive enden:

la cas**a**, l'or**a**, l'aranci**a**, la port**a**
la nott**e**, l'estat**e**, la stazion**e**

– meistens auf -a,
– viele enden auf -e.

Es gibt aber auch einige Substantive:

la radi**o**, la fot**o**, la man**o**
l'analis**i**, la cris**i**, la metropol**i**

– mit der Endung -o,
– mit der Endung -i.

11

Was können Sie tun, wenn sich das Geschlecht eines Substantivs nicht von seiner Endung ableiten lässt?
Ein Hinweis für sein Geschlecht ist in diesem Fall meistens der Artikel, z. B. **il bar, la notte.** *Treffen Sie hingegen auf Fälle wie* **l'estate,** *bei denen weder die Endung noch der Artikel auf das Geschlecht des Substantivs schließen lassen, hilft Ihnen das Wörterbuch weiter. Es ist auf jeden Fall sinnvoll, ein Substantiv immer zusammen mit seinem* <u>unbestimmten</u> *Artikel zu lernen. Auf diese Weise lernen Sie das Geschlecht immer gleich mit, z. B.:*

un amico, **un'**amica, **un** elefante, **un'**idea

Gleich lautende Substantive mit verschiedenem Geschlecht

il banco	*Sitzbank, Theke*	**la** banca	*Bank*		*Es gibt einige Substantive, die zwar fast*
il capitale	*Kapital*	**la** capitale	*Hauptstadt*		*identisch sind, sich in*
il fine	*Ziel*	**la** fine	*Ende*		*ihrer Bedeutung*
il foglio	*Blatt (Papier)*	**la** foglia	*Blatt (Pflanze)*		*jedoch unterscheiden, je nachdem ob sie*
il porto	*Hafen*	**la** porta	*Tür*		*weiblich oder männlich sind.*

Das Geschlecht bei Personen- und Berufsbezeichnungen

Mio **figlio** vuole diventare **avvocato,** mia **figlia** invece **traduttrice.**

Mein Sohn will Rechtsanwalt werden, meine Tochter hingegen Übersetzerin.

Il **signor** Merlo è il nostro nuovo **vicino.** È **professore** di storia dell'arte.

Substantive, die eine Person oder einen Beruf bezeichnen, sind in der Regel männlich, wenn sie sich auf einen Mann beziehen.

Sua **moglie** è una **signora** molto gentile. Lei è **casalinga.**

Sie sind weiblich, wenn sie eine Frau bezeichnen.

il **ragazzo**	la **ragazza**
il **traduttore**	la **traduttrice**
il **professore**	la **professoressa**
il **signore**	la **signora**

Im Allgemeinen hat eine männliche Personen- oder Berufsbezeichnung eine weibliche Entsprechung, die von der männlichen Form abgeleitet wird.

il figli**o**	la figli**a**	*Zahlreiche männliche Personen- oder Berufsbezeichnungen, die auf -**o** enden, bilden die weibliche Form auf -**a**.*
l'impiegat**o**	l'impiegat**a**	
l'operai**o**	l'operai**a**	
l'amic**o**	l'amic**a**	
lo zi**o**	la zi**a**	
il camer**iere**	la camer**iera**	*Auch männliche Substantive auf -**iere** und einige auf -**e** haben eine weibliche Entsprechung auf -**a**.*
il parrucch**iere**	la parrucch**iera**	
il signor**e**	la signor**a**	
il dottor**e**	la dottor**essa**	*Einige Berufsbezeichnungen auf -**e** bilden die weibliche Form auf -**essa**.*
il professor**e**	la professor**essa**	
lo studen**te**	la student**essa**	
l'at**tore**	l'at**trice**	*Endet hingegen die männliche Form auf -**tore**, lautet die weibliche Endung meist -**trice**.*
l'au**tore**	l'au**trice**	
il lavora**tore**	la lavora**trice**	
il pit**tore**	la pit**trice**	
l'insegn**ante**	l'insegn**ante**	*Viele Bezeichnungen haben für beide Geschlechter nur eine Form. Meist enden sie auf -**ante**, -**ente**, -**ese** oder -**ista**.*
il cli**ente**	la cli**ente**	
il franc**ese**	la franc**ese**	
il giornal**ista**	la giornal**ista**	
il farmac**ista**	la farmac**ista**	
l'**uomo**	la **donna**	*Es gibt auch Fälle, bei denen für die weibliche Bezeichnung ein anderes Wort verwendet wird.*
il **padre**	la **madre**	
il **marito**	la **moglie**	

Bei einer Reihe von Berufsbezeichnungen gibt es nur die männliche Bezeichnung, die dann auch bei einer Frau angewendet werden muss. Dazu gehören il medico, l'ingegnere, l'avvocato und il ministro.

Den umgekehrten Fall, d. h. dass eine weibliche Form für beide Geschlechter verwendet wird, gibt es jedoch auch, z. B. la guida, la guardia.

Es heißt also ho un buon medico, egal ob ein Mann oder eine Frau damit gemeint ist. Ebenso lautet es la guida è brava, auch wenn es sich um einen Mann handelt.

Nel centro ci sono poche **abitazioni**. Ci sono soprattutto **negozi** e **uffici**.

In der Innenstadt gibt es wenige Wohnhäuser. Es gibt vor allem Geschäfte und Büros.

Alcuni **bar** vendono anche **giornali** e **riviste**.

Einige Bars verkaufen auch Zeitungen und Zeitschriften.

Ho comprato dei **pantaloni** neri.

Ich habe eine schwarze Hose gekauft.

Alla stazione c'è sempre tanta **gente**.

Am Bahnhof sind immer so viele Leute.

Regelmäßige Bildung der Mehrzahl

	Einzahl	Mehrzahl
männlich	il lett**o** il mes**e**	i lett**i** i mes**i**
weiblich	la ser**a** la nott**e**	le ser**e** le nott**i**

*Im Allgemeinen bilden männliche Substantive, die in der Einzahl auf **-o** oder **-e** enden, die Mehrzahl auf **-i**.*

*Weibliche Substantive auf **-a** erhalten in der Mehrzahl ein **-e**. Enden sie auf **-e**, erhalten sie ein **-i**.*

Besonderheiten bei der Mehrzahlbildung

Substantive auf -co oder -go

il tedes**co**   i tedes**chi**
il par**co**   i par**chi**
il dialo**go**   i dialo**ghi**
il catalo**go**   i catalo**ghi**

*Endet ein Substantiv auf **-co** oder **-go**, lautet in der Mehrzahl die Endung **-chi** bzw. **-ghi**.*

*Es gibt eine Reihe von Substantiven, die diese Regel nicht befolgen. Üblicherweise sind es Substantive, die auf der drittletzten Silbe betont werden, wie z. B. **il medico – i medici, lo psicologo – gli psicologi, l'austriaco – gli austriaci**. Aber auch Substantive mit der Betonung auf der zweitletzten Silbe gehören dazu, wie **l'amico – gli amici, il nemico – i nemici, il greco – i greci**.*

Substantive auf -ca oder -ga

l'ami**ca**   le ami**che**
la tedes**ca**   le tedes**che**
la psicolo**ga**   le psicolo**ghe**
la colle**ga**   le colle**ghe**

*Bei Substantiven, die in der Einzahl auf **-ca** bzw. **-ga** enden, ist die Pluralbildung einfacher. Sie enden auf **-che** bzw. **-ghe**, wenn sie weiblich sind.*

il colle**ga**	i colle**ghi**	
il patriar**ca**	i patriar**chi**	*Sind sie männlichen Geschlechts, lautet in der Mehrzahl ihre Endung meistens -chi bzw. -ghi.*
il monar**ca**	i monar**chi**	

Substantive auf -cia oder -gia

la cam**icia**	le cam**icie**	*Substantive mit einem Vokal vor der Endung -cia oder -gia bilden die Mehrzahl meist auf -cie bzw. -gie.*
la cili**egia**	le cili**egie**	
la farm**acia**	le farm**acie**	

la spia**ggia**	le spia**gge**	*Steht vor -cia oder -gia ein Konsonant, bilden sie die Mehrzahl auf -ce bzw. -ge.*
l'ara**ncia**	le ara**nce**	
la provi**ncia**	le provi**nce**	

Substantive auf -io

il figl**io**	i figl**i**	*Endet ein Substantiv auf -io, verliert es in der Mehrzahl einfach das -o.*
il negoz**io**	i negoz**i**	

lo z**io**	gli z**ii**	*Die Mehrzahl lautet -ii, wenn in der Einzahl die Betonung auf das -i- der Endung fällt.*
il pend**io**	i pend**ii**	

Männliche Substantive auf -a

il problem**a**	i problem**i**	*Viele männliche Substantive, die in der Einzahl auf -a enden, haben in der Mehrzahl die Endung -i.*
il telegramm**a**	i telegramm**i**	
il farmacist**a**	i farmacist**i**	

Unveränderliche Substantive

Unveränderlich sind:

il caff**è**	i caff**è**	– *Substantive, die mit betontem Vokal oder auf -i enden.*
la citt**à**	le citt**à**	
l'anal**isi**	le anal**isi**	

il fil**m**	i fil**m**	– *Substantive, die auf einem Konsonanten enden.*
il fa**x**	i fa**x**	

il cinem**a**	i cinem**a**	– *Substantive, die eigentlich Kurzformen sind, z. B. cinema von cinematografo, foto von fotografia. Meist handelt es sich um weibliche Substantive auf -o. Ob ein unveränderliches Substantiv in der Einzahl oder Mehrzahl steht, erkennen Sie am Artikel.*
la fot**o**	le fot**o**	
la radi**o**	le radi**o**	
la mot**o**	le mot**o**	
l'aut**o**	le aut**o**	

15

Substantive mit unregelmäßiger Mehrzahl

l'uomo	gli **uomini**
la **mano**	le **mani**

Einige Substantive haben eine unregelmäßige Mehrzahl.

il **paio** *(m)*	le **paia** *(w)*
il **dito** *(m)*	le **dita** *(w)*
l'**uovo** *(m)*	le **uova** *(w)*

Manche Substantive ändern in der Mehrzahl sogar ihr Geschlecht.
Es empfiehlt sich, diese Substantive als Einzelfälle auswendig zu lernen.

Es gibt einige Substantive, die anders als im Deutschen nur in der Einzahl bzw. nur in der Mehrzahl verwendet werden.
*Nur in der Einzahl kommen beispielsweise **la gente** (die Leute), **la roba** (die Sachen) und **l'uva** (die Trauben) vor.*
*Zu den Substantiven, die nur in der Mehrzahl gebraucht werden, gehören **i dintorni** (die Umgebung), **le mutande** (die Unterhose), **gli occhiali** (die Brille), **i pantaloni** (die Hose), **i soldi** (das Geld) und **gli spiccioli** (das Kleingeld).*

Zusammengesetzte Substantive und ihre Mehrzahl

I **francobolli** si comprano dal tabaccaio.

Briefmarken kauft man beim Tabakhändler.

Ho bisogno di una **camicia da notte**.
Con Internet si ha accesso a un'infinità di **banche dati**.

Ich brauche ein Nachthemd.
Mit dem Internet hat man zu unendlich vielen Datenbanken Zugang.

il **numero di telefono**
il **fine settimana**
il **passaporto**

Es gibt im Italienischen verschiedene Möglichkeiten zusammengesetzte Substantive zu bilden.

il passaport**o**	i passaport**i**
il pianofort**e**	i pianofort**i**
il marciapied**e**	i marciapied**i**
il capolavor**o**	i capolavor**i**

Werden sie in einem Wort geschrieben, bilden sie die Mehrzahl oft wie einfache Substantive.

Es gibt auch zusammengeschriebene Substantive, die in der Mehrzahl unverändert bleiben.
Es handelt sich dabei meist um Substantive, die sich zusammensetzen aus:

– Verb + Substantiv in der Mehrzahl:
  il cavatappi   *(der Korkenzieher)*   – **i cavatappi**
– Verb + weibliches Substantiv in der Einzahl:
  l'aspirapolvere *(der Staubsauger)*   – **gli aspirapolvere**
– Verb + Verb:
  il saliscendi   *(das Auf und Ab)*   – **i saliscendi**
– Präposition + Substantiv:
  il senzatetto   *(der Obdachlose)*   – **i senzatetto**
Zusammensetzungen aus Verb + **mano** bilden die Mehrzahl jedoch auf -**i**:
  l'asciugamano *(das Handtuch)*   – **gli asciugamani**

il **vagone** letto	i **vagoni** letto	Im modernen Italienisch bestehen zahlreiche zusammengesetzte Substantive aus zwei getrennt geschriebenen Substantiven. Hier wird im Allgemeinen nur das erste Substantiv in die Mehrzahl gesetzt.
il **vagone** ristorante	i **vagoni** ristorante	
la **segretaria** modello	le **segretarie** modello	
la **banca** dati	le **banche** dati	
la **zona** disco	le **zone** disco	
l' **anno** record	gli **anni** record	

la **barca** a vela	le **barche** a vela	Viele Zusammensetzungen werden mit den Präpositionen **a, da** oder **di** gebildet. Bei diesen Wortbildungen wird im Allgemeinen nur das erste Substantiv in die Mehrzahl gesetzt.
il **lavoro** a mano	i **lavori** a mano	
il **succo** di frutta	i **succhi** di frutta	
il **pacchetto** di sigarette	i **pacchetti** di sigarette	
il **costume** da bagno	i **costumi** da bagno	
la **sala** da pranzo	le **sale** da pranzo	

1. Einordnen und umformen

Ordnen Sie die Substantive dem passenden Artikel zu und setzen Sie sie dann in die Mehrzahl. Geben Sie dabei auch jeweils den Artikel an.

valigia – vestito – specchio – cinema – ristorante – ufficio – radio – stazione – arancia – caffè – sciopero – albergo – zio – uovo – città – sport

il

_____ _____

_____ _____

_____ _____

_____

lo

_____ _____

_____ _____

_____ _____

_____

l'

_____ _____

_____ _____

_____ _____

_____

la

_____ _____

_____ _____

_____ _____

_____

2. Entschlüsseln

Geben Sie an, aus welcher Präposition und welchem bestimmten Artikel sich folgende Wörter zusammensetzen.

1. **nell'**   2. **agli**   3. **delle**   4. **sui**   5. **dallo**

_____+_____   _____+_____   _____+_____   _____+_____   _____+_____

3. Ergänzen

Ergänzen Sie den Text auf der rechten Seite mit der weiblichen Form der hervor-gehobenen Substantive und dem passenden Artikel aus dem Text auf der linken Seite.

1. **Il** mio nuovo **collega** si chiama Busi. 2. È sposato e ha due **figli**, Martino e Francesco. 3. Francesco è **un ragazzo** simpatico, ha molti **amici** e vuole diventare **medico** come suo **padre**. 4. Martino è ancora **un bambino**. 5. Lui da grande vuole fare **l'attore**.	1. ____ mia nuova _____ si chiama Busi. 2. È sposata e ha due _____ , Martina e Francesca. 3. Francesca è _____ simpatica, ha molte _____ e vuole diventare _____ come sua _____ . 4. Martina è ancora _____ . 5. Lei da grande vuole fare _____ .

4. Entscheiden

Entscheiden Sie, wo Sie den bestimmten Artikel ergänzen müssen und wo kein Artikel benötigt wird.

1. ~ Buonasera, _____ signora Cesari.
   ≈ Buonasera.

2. ~ Che ore sono?
   ≈ Sono _____ undici e mezza.

3. ~ Pronto?!
   ≈ Buongiorno. Sono _____ signora Cecchi. Vorrei parlare con _____ signor Vilardo.
   ~ Mi dispiace, ma _____ signor Vilardo non c'è.

4. ~ Conosci Carlo Cesari?
   ≈ Certo, è ___ nuovo ragazzo di Angela. È un bel ragazzo alto con _____ capelli neri e _____ occhi azzurri.

5. ~ Dov'è Simona?
   ≈ È a letto con ____ tosse e ____ raffreddore.
   ~ Ha anche _____ febbre?
   ≈ Certo.

Das Adjektiv

Cari amici,
Siamo **contenti** di essere qui a Peschici. Il posto è **bellissimo,** l'albergo è **tranquillo** e la gente è molto **gentile.**
A presto   Franco e Alma

Liebe Freunde,
wir sind froh hier in Peschici zu sein.
Der Ort ist sehr schön, das Hotel ist
ruhig und die Leute sind sehr nett.
Bis bald   Franco und Alma

Die Endungen der Adjektive

Ho comprato un paio di **pantaloni
  larghi** e una **gonna lunga.
  I pantaloni** sono molto **comodi,
  la gonna** purtroppo è un po' **stretta.**

Das Adjektiv richtet sich in Geschlecht
und Zahl nach dem Substantiv, auf
das es sich bezieht.

Wenn ein Adjektiv sich auf ein männliches und ein weibliches Substantiv bezieht,
steht es in der Mehrzahl und ist männlichen Geschlechts:

un uomo e una donna **meravigliosi**   la birra e il vino sono **cari**

Adjektive mit der Endung -o

	männlich	weiblich
Einzahl	un museo moderno	una casa moderna
Mehrzahl	i musei moderni	le case moderne

Adjektive, die in der
männlichen Einzahl auf
-o enden, haben in der
Einzahl eine weibliche
Form auf -a.
In der Mehrzahl wird
die männliche Endung
-o zu -i und die weibli-
che Endung -a zu -e.

Adjektive mit der Endung -e

	männlich	weiblich
Einzahl	un uomo gentile	una donna gentile
Mehrzahl	gli uomini gentili	le donne gentili

Adjektive, die in der
Einzahl auf -e enden,
haben für beide Ge-
schlechter nur eine
Form: -e in der Einzahl
und -i in der Mehrzahl.

Beachten Sie, dass es bei der Angleichung der Adjektive zu unterschiedlichen Endungen von Adjektiven und Substantiven kommen kann, z. B.:

un lavor**o** sempli**ce**, una ragazz**a** intelligent**e**, lingu**e** facil**i**, un paes**e** turistic**o**

Besonderheiten bei der Bildung der Mehrzahl

Luciana ha i capelli **lunghi, grigi**.
In Sardegna ci sono dei posti **fantastici**.

Luciana hat langes graues Haar.
Auf Sardinien gibt es fantastische
Orte.

Ci sono tante persone **egoiste** e poco **simpatiche**.
Ho comprato un paio di pantaloni **grigi** molto **larghi**.

Bei der Bildung der Mehrzahl gelten
für die Adjektive dieselben Regeln
wie für die Substantive mit den ent-
sprechenden Endungen.

Adjektive, die in der Einzahl auf -co
bzw. -ca enden, bilden die Mehrzahl
meistens:

| bian**co**: | i | capelli | bian**chi** |
| bian**ca**: | le | scarpe | bian**che** |

*– auf -**chi** bzw. -**che**, wenn sie auf der*
zweitletzten Silbe betont sind.

| prat**ico**: | gli | stivali | prat**ici** |
| prat**ica**: | le | borse | prat**iche** |

*– auf -**ci** bzw. -**che**, wenn die Beto-*
nung auf der drittletzten Silbe
liegt.

| lun**go**: | i | capelli | lun**ghi** |
| lun**ga**: | le | gonne | lun**ghe** |

Enden die Adjektive in der Einzahl
*auf -**go** bzw. -**ga**, lautet die Endung*
*in der Mehrzahl -**ghi** bzw. -**ghe**.*

grig**io**:	i	capelli	grig**i**
vecch**io**:	i	vestiti	vecch**i**
ordinar**io**:	i	treni	ordinar**i**

*Adjektive, die in der Einzahl auf -**io***
enden, haben in der Mehrzahl nur
*ein -**i**.*

Enden die Adjektive in der Einzahl
*auf -**ista**, bilden sie die Mehrzahl:*

| real**ista**: | gli | uomini | realist**i** |

*– der männlichen Form auf -**i**,*

| real**ista**: | le | donne | realist**e** |

*– der weiblichen Form auf -**e**.*

21

Die Adjektive bello und buono

Il tuo appartamento è **bello**.
I quadri di Klee sono molto **belli**.

Deine Wohnung ist schön.
Klee's Bilder sind sehr schön.

Basilea ha un **bel** centro con dei **begli**
edifici storici e dei **bei** negozi.

Basel hat ein schönes Stadtzentrum
mit schönen historischen Gebäuden
und schönen Geschäften.

Questo vino è molto **buono**.
Abbiamo bevuto un **buon** vino.

Dieser Wein ist sehr gut.
Wir haben einen guten Wein
getrunken.

Ho un **bell'**appartamento.
L'Hotel Corona è un **buon** albergo.

*Wenn die Adjektive **bello** und **buono**
vor einem Substantiv stehen, erhal-
ten sie zum Teil andere Formen, als
wenn sie hinter einem Substantiv
stehen.*

Bello

Mi piacerebbe abitare un grande
appartamento con dei **bei** mobili
moderni, dei **begli** specchi antichi e un
bel bagno spazioso.

*Das Adjektiv **bello** verhält sich vor
männlichen Substantiven wie der
bestimmte Artikel. Seine Form hängt
also vom Anfangsbuchstaben des
nachfolgenden Wortes ab.*

Einzahl

*So steht vor einem männlichen Sub-
stantiv in der Einzahl, das:*

il regalo	un **bel** regalo

*– mit einem Konsonanten beginnt:
bel,*

lo specchio	un **bello** specchio
lo zoo	un **bello** zoo

*– mit s + Konsonant, z oder gn, ps, x
und y beginnt: **bello**,*

l'uomo	un **bell'**uomo

*– mit einem Vokal beginnt: **bell'**.*

Mehrzahl

*In der Mehrzahl steht vor männlichen
Substantiven, die:*

i regali	**bei** regali

*– mit einem Konsonanten beginnen:
bei,*

22

gli specchi	begli specchi	– mit **s** + Konsonant, **z** oder **gn, ps, x**
gli zoo	begli zoo	und **y** sowie mit einem Vokal
gli uomini	begli uomini	beginnen: **begli.**

Vor weiblichen Substantiven können Sie **bello** *wie ein normales Adjektiv behandeln. In der Einzahl verwenden Sie also* **bella** *und in der Mehrzahl* **belle:**
una **bella** mela → **belle** mele una **bella** idea → **belle** idee

Wenn das Substantiv mit **a, e, i, o** *oder* **u** *beginnt, können Sie in der Einzahl auch die apostrophierte Form von* **bella** *wählen:*
una **bell'**idea

Buono

Ho letto un **buon** libro.
Ho comprato un **buono** zaino.

Das Adjektiv **buono** *verhält sich vor männlichen Substantiven in der Einzahl wie der unbestimmte Artikel:*

un film	un **buon** film	– **buon** *steht vor einem Konsonanten*
un attore	un **buon** attore	*oder vor einem Vokal,*
uno sport	un **buono** sport	– **buono** *nimmt man vor* **s** *+ Konso-*
uno zio	un **buono** zio	*nant, vor* **z** *oder vor* **gn, ps, x** *und* **y.**

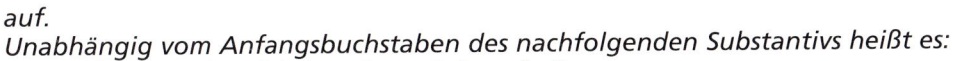

Vor männlichen Substantiven in der Mehrzahl weist **buono** *keine Besonderheiten auf.*
Unabhängig vom Anfangsbuchstaben des nachfolgenden Substantivs heißt es:
buoni libri, **buoni** amici, **buoni** sport, **buoni** zii

Vor weiblichen Substantiven können Sie **buono** *wie ein normales Adjektiv behandeln und in der Einzahl die Form* **buona** *und in der Mehrzahl die Form* **buone** *benutzen:*
una **buona** famiglia → **buone** famiglie una **buona** amica → **buone** amiche
Beginnt das weibliche Substantiv mit einem Vokal und steht es in der Einzahl,
können Sie **buona** *auch apostrophieren:* una **buon'**amica

Unveränderliche Adjektive

Ho visto un paio di pantaloni **viola,** una camicetta **blu,** delle scarpe **verde chiaro** e una giacca **rosso fuoco.**

Ich habe ein Paar violette Hosen, eine blaue Bluse, hellgrüne Schuhe und eine feuerrote Jacke gesehen.

23

Die meisten unveränderlichen
Adjektive bezeichnen eine
Farbe. Dazu gehören:

gli asciugamani **blu**	i pantaloni **beige**
il cappotto **lilla**	il vestito **rosa**
le camicette **turchese**	le scarpe **viola**

– **blu, beige, lilla, rosa, tur-
chese** und **viola.**

una camicetta **giallo chiaro**
una gonna **verde scuro**

– zusammengesetzte Farb-
bezeichnungen bestehend
aus Farbe + Adjektiv.

una macchina **grigio ferro**
una borsetta **rosso fuoco**

– Farbbezeichnungen beste-
hend aus Farbe + Substantiv.

Die Stellung der Adjektive

La cucina **italiana** piace alla gente.
Per il teatro metto il vestito **nero.**
I Merlo hanno una **bella** casa.
„Moda Chic" è una boutique **cara.**
Gianni è un **caro** ragazzo.

*Im Italienischen steht das Adjektiv vor
oder nach dem Substantiv.
Die meisten Adjektive werden jedoch
im Gegensatz zum Deutschen nach-
gestellt.
Einige Adjektive werden meist
vorangestellt und einige ändern je
nach Stellung ihre Bedeutung.*

*Da der größte Teil der Adjektive nach dem Substantiv steht, ist es für Sie vor allem
wichtig, sich jene zu merken, die auch vorangestellt werden können.*

Häufig oder meist vorangestellte Adjektive

Vor allem vorangestellt werden:

una **bella/brutta** giornata
un **piccolo/grande** appartamento
un **buon/cattivo** esempio
un **vecchio/giovane** amico
un **lungo/breve** viaggio

– **bello** und **brutto,**
– **grande** und **piccolo,**
– **buono** und **cattivo,**
– **vecchio** und **giovane,**
– **lungo** und **breve.**

24

Ho una macchina **vecchia.**
 (= **non è nuova)**
Ho una casa **piccola.**
 (= **non è grande)**
Ho conosciuto una donna **giovane.**
 (= **non è vecchia)**

Stehen diese Adjektive nach dem Substantiv, erhalten Sie besonderes Gewicht und heben sich dadurch ganz besonders von ihrem Gegenteil ab.

Bedeutungsänderung der Adjektive je nach Stellung

Zu den Adjektiven, die je nach Stellung ihre Bedeutung ändern, gehören:

un **grande** uomo/
un uomo **grande**

– ***grande:*** *vorangestellt bedeutet es „bedeutend" und nachgestellt „groß".*

un **caro** amico/
un paese **caro**

– ***caro:*** *vorangestellt bedeutet es „lieb" und nachgestellt „teuer".*

un **povero** ragazzo/
un ragazzo **povero**

– ***povero:*** *vorangestellt bedeutet es „bemitleidenswert" und nachgestellt „arm", „mittellos".*

un **vecchio** amico/
un amico **vecchio**

– ***vecchio:*** *vorangestellt bedeutet es „langjährig" und nachgestellt „betagt".*

una **sola** persona/
una persona **sola**

– ***solo:*** *vorangestellt bedeutet es „einzig" und nachgestellt „allein stehend", „einsam".*

*Ist ein Adjektiv durch ein Adverb näher bestimmt, z. B. durch **molto, abbastanza, proprio, davvero, troppo** oder **incredibilmente,** steht es immer hinter dem Substantiv und nach dem Adverb:*

un film **molto buono,** un paese **proprio povero,** una macchina **troppo vecchia,** un viaggio **incredibilmente lungo**

Die Steigerung der Adjektive

La bicicletta è **più ecologica** della macchina, ma è anche **meno comoda**.

Das Fahrrad ist umweltfreundlicher als das Auto, aber es ist auch weniger bequem.

Parigi è una **bellissima** città. Per me è **la** città **più bella** del mondo. Secondo mio marito invece Roma è **bella quanto** Parigi.

Paris ist eine sehr schöne Stadt. Für mich ist es die schönste Stadt der Welt. Mein Mann hingegen findet Rom ebenso schön wie Paris.

Der Komparativ

Carlo è **più gentile** di Sandro.
L'espresso è **più forte** del caffè tedesco.
Rosa è **meno sportiva** di Maria.
Torino è **meno grande** di Roma.

Im Italienischen kann ein Adjektiv mit **più** *zum Positiven gesteigert werden und mit* **meno** *zum Negativen. Die Adjektive passen sich dabei in Geschlecht und Zahl dem Substantiv, auf das sie sich beziehen, an.*

Das deutsche „als" wird im Italienischen mit **di** *oder mit* **che** *ausgedrückt. Wenn zwei Personen bzw. Sachen eine gemeinsame Eigenschaft haben und in Bezug auf diese Eigenschaft verglichen werden, verwendet man* **di**. *Grammatikalisch gesehen folgt in diesem Fall dem Komparativ ein Substantiv oder ein Pronomen:*

Tua sorella è più gentile **di te.**   Il calcio è più popolare **del golf.**
La gondola è meno veloce **del motoscafo.**

In den meisten übrigen Fällen wird „als" mit **che** *wiedergegeben, so z. B. wenn dem Komparativ folgende Wortarten folgen:*

- *ein Adjektiv:*   Questo vino è più caro **che buono.**
- *ein Verb im Infinitiv:* È più comodo prendere la macchina **che andare** a piedi.
- *ein Adverb:*   È più bello mangiare fuori **che dentro.**
- *eine Präposition:*   Da noi ci sono più turisti in estate **che in** inverno.

Das deutsche „ebenso/so ... wie" hat die italienischen Entsprechungen:

Oggi fa **(tanto)** caldo **quanto** ieri.
Tu sei **(tanto)** attivo **quanto** tuo padre.

- **(tanto) ... quanto** *(tanto kann entfallen).*

Il film non era **(così)** divertente **come** pensavo.

- **(così) ... come** *(così kann entfallen).*

Der relative Superlativ

I Gotti sono **la** famiglia **più ricca** (**della** città).
Carlo è **il** collega **meno curioso**.
Chi è **il** ragazzo **più simpatico** (**della** classe)?
Questo è **l'**articolo **meno interessante** (**di** tutti).

Mit dem relativen Superlativ drücken Sie aus, wer bzw. was innerhalb einer Gruppe von Personen bzw. Dingen eine bestimmte Eigenschaft im höchsten Maße besitzt.
*Gebildet wird er mit dem bestimmten Artikel + **più** bzw. **meno**.*
*Wird ein Vergleich hergestellt, geschieht dies mit **di**.*

Der absolute Superlativ

La frutta è **freschissima**.
Il tuo dessert è **buonissimo**.
È una **bellissima** giornata.

Mit dem absoluten Superlativ wird kein Vergleich gezogen.
Er drückt lediglich einen sehr hohen Grad einer Eigenschaft aus.

piano:	pian**issimo**
caro:	car**issimo**
veloc**e**:	veloc**issimo**
fort**e**:	fort**issimo**

*Sie bilden ihn, indem Sie anstelle des Endvokals des Adjektivs die Endung **-issimo** anhängen.*

ric**co**:	ric**chissimo**
bian**co**:	bian**chissimo**
lun**go**:	lun**ghissimo**

*Enden die Adjektive auf **-co** oder **-go**, fügen Sie vor der Superlativendung ein **-h-** ein.*

| pr<u>a</u>ti**co**: | pratic**issimo** |
| simp<u>a</u>ti**co**: | simpatic**issimo** |

*Das **-h-** brauchen Sie jedoch nicht zu setzen, wenn das Adjektiv auf der drittletzten Silbe betont wird.*

Il viaggio è stato faticosissim**o**.
Abbiamo passato **una** bellissima **giornata** con i Gonella.
Gli spaghetti sono buonissim**i**.
Le pizzette sono caldissim**e**.

*Diese Adjektive auf **-issimo** werden ebenfalls in Geschlecht und Zahl dem Substantiv, auf das sie sich beziehen, angeglichen.*

Vergessen Sie nicht, dass Sie neben dem absoluten Superlativ weitere Möglichkeiten haben, einen sehr hohen Grad einer Eigenschaft auszudrücken, so z. B.:

– *mit dem Adverb **molto**:*   una macchina **molto veloce**
– *mit Adverbien wie **incredibilmente**, **terribilmente** und **enormemente**:*
    un uomo **incredibilmente attivo**   sono **terribilmente stanco**

Die Adjektive mit zwei Steigerungsformen

Carla è la mia sorella **maggiore**.
Ma Carla è **più piccola** di me.

Carla ist meine ältere/älteste Schwester.
Aber Carla ist kleiner als ich.

La disoccupazione è un **grande**
problema, forse **il maggiore** della
nostra società.
Bravo, hai fatto un **ottimo** lavoro!

Einige Adjektive haben neben den
regelmäßigen auch unregelmäßige
Steigerungsformen, die zum Teil eine
übertragene Bedeutung haben.

Die Adjektive buono und cattivo

Grundstufe	Komparativ	relativer Superlativ	absoluter Superlativ
buono	più buono migliore	il più buono il migliore	buonissimo ottimo
cattivo	più cattivo peggiore	il più cattivo il peggiore	cattivissimo pessimo

*Werden die regelmäßigen Steigerungsformen von **buono** und **cattivo** bei einer*
Person angewendet, bezeichnen sie deren Charakter.
*„Carlo è **il più buono** di tutti" besagt, dass er „der liebste von allen" ist.*

Wollen Sie sich jedoch über die Leistungsfähigkeit einer Person äußern, müssen Sie
die unregelmäßigen Steigerungsformen benutzen.
*„Die beste Studentin" heißt also „**la migliore** studentessa" und „ein sehr guter*
*Lehrer" ist „un **ottimo** insegnante".*

Die Adjektive grande und piccolo

Grundstufe	Komparativ	relativer Superlativ	absoluter Superlativ
grande	più grande maggiore	il più grande il maggiore	grandissimo massimo
piccolo	più piccolo minore	il più piccolo il minore	piccolissimo minimo

*Die unregelmäßigen Steigerungsformen von **grande** und **piccolo** haben im All-*
gemeinen eine übertragene Bedeutung, z. B.:

un problema **minore**   *ein geringeres Problem*
una **minima** differenza   *ein sehr geringer Unterschied*
il fratello **maggiore**   *der ältere/älteste Bruder*

Das Adverb

Normalmente non lavoro **bene** quando ho dormito **poco**.

Normalerweise arbeite ich nicht gut, wenn ich wenig geschlafen habe.

Die ursprünglichen und die abgeleiteten Adverbien

Domani ho un esame e sono **abbastanza** nervoso.
~ Sai **già** cosa farai a Pasqua?
≈ **Forse** vado a Parigi.

Im Italienischen gibt es ursprüngliche Adverbien. Ihrer Form nach sind sie nicht als solche zu erkennen.

adesso, ieri, spesso, tardi, già
qui, lì, davanti, fuori, sopra
poco, molto, abbastanza, niente
certo, forse, sì, no

Zu den ursprünglichen Adverbien gehören:
– Adverbien der Zeit,
– Adverbien des Ortes,
– Adverbien der Menge,
– Adverbien des Urteils.

Sono **perfettamente** d'accordo.
Carlo arriva **regolarmente** in ritardo.
Il direttore saluta sempre molto **gentil-mente**.

*Außerdem gibt es die von Adjektiven abgeleiteten Adverbien auf **-mente**, so genannte abgeleitete Adverbien. Die meisten sind Adverbien der Art und Weise und sind unveränderlich.*

Deutschsprachigen fällt es oft nicht leicht zu entscheiden, wann man ein Adjektiv und wann man ein Adverb benützt, da beide im Deutschen der Form nach oft identisch sind, z. B.:

Luisa parla **bene** il tedesco.
La pizza è **buona**.

*Luisa spricht **gut** Deutsch.*
*Die Pizza ist **gut**.*

Fehler in der Anwendung der italienischen Adverbien können Sie vermeiden, wenn Sie wissen, dass Sie mit einem Adverb Folgendes näher bestimmen können:

– ein Verb:	Heidrun parla **bene** l'italiano.
– ein Adjektiv:	Questo dolce è **incredibilmente** buono.
– ein Adverb:	Pietro sta **veramente** male.
– einen ganzen Satz:	Non è successo niente, **naturalmente**.

Die Bildung der abgeleiteten Adverbien

Die abgeleiteten Adverbien werden gebildet, indem Sie:

tipico	→	tipica	→	tipica**mente**
lento	→	lenta	→	lenta**mente**
vero	→	vera	→	vera**mente**

– *die Endung* **-mente** *an die weibliche Form der Adjektive auf* **-o** *anhängen.*

veloce	→	veloce**mente**
evidente	→	evidente**mente**
enorme	→	enorme**mente**

– *die Endung* **-mente** *an die unveränderte Form der Adjektive auf* **-e** *anhängen.*

regolare	→	regolar**mente**
reale	→	real**mente**
facile	→	facil**mente**

– *bei den Adjektiven auf* **-re** *und* **-le** *das* **-e** *entfernen und die Endung* **-mente** *hinzufügen.*

Es gibt leider auch Ausnahmen bei der Bildung des Adverbs. Dazu gehören, z. B.:

leggero	→	legger	→	**leggermente**	folle	→	folle	→	**follemente**
violento	→	violente	→	**violentemente**				

Buono *und* ***cattivo*** *haben sogar unregelmäßige Adverbien:*

buono	→	**bene**	cattivo	→	**male**

Die Stellung der Adverbien

Die Adverbien stehen bei dem Wort bzw. dem Satzteil, auf den sie sich beziehen.

Adverbien der Art und Weise, Adverbien der Menge sowie die Adverbien der Zeit ***adesso, presto, spesso, subito*** *und* ***tardi*** *stehen:*

Fa **incredibilmente** freddo.
Dormo **poco**.
Arriviamo **subito**.

– *nach dem Verb,*

La Juve ha giocato **meravigliosamente**.
Ci siamo divertiti **molto**.
Sono tornato **adesso**.

– *nach dem Partizip Perfekt bei zusammengesetzten Zeiten,*

30

Sa spiegare **bene** la grammatica.	– *nach dem Infinitiv bei der Gruppe*
Dobbiamo alzarci **presto.**	*konjugiertes Verb + Infinitiv.*
Cercate di non bere **troppo.**	

*Die Adverbien **appena, ancora, già, mai** und **sempre** stehen:*

Siamo **appena** usciti.	– *bei den zusammengesetzten Zeiten*
Ho **ancora** pensato a te.	*zwischen Hilfsverb und Partizip*
Il concerto è **già** cominciato.	*Perfekt,*

Non vuole **mai** lavare i piatti.	– *bei der Gruppe konjugiertes Verb +*
Cerca **sempre** di non arrabbiarsi.	*Infinitiv nach dem konjugierten*
Volete **già** partire?	*Verb.*

Anche tu suoni la chitarra?	***Anche** steht vor dem Wort, das her-*
Suoni **anche la chitarra?**	*vorgehoben wird.*

Purtroppo non ho visto Franco.	*Adverbien, die sich auf einen ganzen*
Non ho visto Franco, **purtroppo.**	*Satz beziehen, stehen am Satzanfang*
	oder am Satzende.

 Mehr zur Stellung der Adverbien des Ortes und der Zeit erfahren Sie im Kapitel „Die Satzstellung".

Die Steigerung der Adverbien

La domenica mangiamo **più tardi.**	Sonntags essen wir später.
Il lavoro avanza **meno rapidamente** del solito.	Die Arbeit geht langsamer voran als sonst.
Pia ci telefona **tanto spesso quanto** Paolo.	Pia ruft uns ebenso oft an wie Paolo.
Tu hai reagito **più velocemente di tutti.**	Du hast am schnellsten von allen reagiert.
Oggi sono tornato a casa **prestissimo.**	Heute bin ich sehr früh nach Hause gekommen.
Il signor Rosa ci ha accolti **molto calorosamente.**	Herr Rosa hat uns sehr herzlich empfangen.

Adverbien werden ähnlich wie Adjektive gesteigert.

Der Komparativ

Oggi la posta è arrivata **più tardi** di ieri.

Mi vesto **meno rapidamente** del solito.

Carlo ha risposto **(così)** prontamente
   come te.
Oggi ci siamo alzati **(tanto)** presto
   quanto ieri.

*Mit **più** steigern Sie ein Adverb zum
Positiven,
mit **meno** zum Negativen.*

*Die Gleichheit, d. h. das deutsche
„ebenso/so ... wie", wird mit **(così)** ...
come oder **(tanto)** ... **quanto** über-
setzt, wobei der erste Teil auch weg-
fallen kann.*

Der relative Superlativ

Pia lavora **più rapidamente di tutti** (gli
   altri/gli impiegati).
Pia mangia **più velocemente di tutte** (le
   altre/le sue colleghe).

*Der relative Superlativ wird mit dem
Komparativ + **di tutti/tutte** gebildet.
Wer mit **tutti/tutte** gemeint ist, kann
auch angegeben werden.*

Der absolute Superlativ

tardi	→	**tardissimo**
presto	→	**prestissimo**
spesso	→	**spessissimo**

*Den absoluten Superlativ der
ursprünglichen Adverbien bilden Sie,
indem Sie den Endvokal durch die
Endung -**issimo** ersetzen. Er ist wie
alle Adverbien unveränderlich.*

lentamente	→	**molto lentamente**
gentilmente	→	**molto gentilmente**
rapidamente	→	**molto rapidamente**

*Bei den Adverbien auf -**mente** bilden
Sie den absoluten Superlativ mit
molto.*

Adverbien mit unregelmäßiger Steigerung

Rosa balla **bene.** Balla **meglio** di me.
   Elena però balla **meglio di tutte.**
Carlo ride **molto,** ma suo fratello ride
   più di lui.

*Rosa tanzt gut. Sie tanzt besser als
ich. Elena tanzt jedoch am besten.
Carlo lacht viel, aber sein Bruder lacht
mehr als er.*

	Komparativ	relativer Superlativ
bene	**meglio**	**meglio di tutti/tutte**
male	**peggio**	**peggio di tutti/tutte**
poco	**meno**	**meno di tutti/tutte**
molto	**più**	**più di tutti/tutte**

*Die Adverbien **bene, male, poco** und **molto** haben eine unregelmäßige Steigerung.*

Bene, male, poco und *molto* bilden den absoluten Superlativ regelmäßig:

bene	→	**benissimo**	poco	→	**pochissimo**
male	→	**malissimo**	molto	→	**moltissimo**

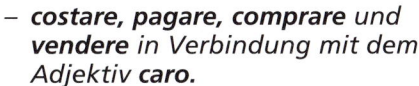
Adjektive als Adverbien

Nach einigen Verben wird anstelle eines Adverbs ein Adjektiv verwendet. Dazu gehören die Verben:

Com'è **diventata grande** tua figlia!
Dovete **restare calmi.**
Le difficoltà **sembrano enormi.**
State zitti, per favore!

– *diventare,*
– *restare,*
– *sembrare,*
– *stare.*

La giacca è **costata cara.**
I propri errori si **pagano cari.**

– *costare, pagare, comprare* und *vendere* in Verbindung mit dem Adjektiv *caro.*

Andate **piano,** per favore!
Con me dovete **parlar chiaro.**
Maria, **parla più forte,** non ti sento!

– *andare* und *parlare. Ihnen folgt ein Adjektiv, das jedoch unverändert bleibt.*

Stare wird sowohl mit dem Adjektiv *buono* als auch mit dem Adverb *bene* bzw. *male* kombiniert. *Bene* und *male* beziehen sich auf die Gesundheit oder die Psyche:

Ieri la nonna **stava bene.** Oggi con questo caldo **sta male.**
Gestern ging es der Großmutter gut. Heute, bei dieser Hitze, geht es ihr schlecht.

Mit dem Ausdruck *stare + buono* hingegen ist das Benehmen gemeint:
Cercate di **stare buoni** quando noi non ci siamo!
Versucht brav zu sein, wenn wir nicht da sind!

---

1. Ergänzen

Ergänzen Sie die Fragen mit den jeweils passenden Endungen der Adjektive.

Lei che cosa preferisce,

1. ... i capelli lung___ o i capelli cort____?
2. ... la cucina italian___ o quella frances_____?
3. ... le vacanze tranquill___ o le vacanze attiv___?
4. ... il vino bianc___ o quello ross___?
5. ... i mobili modern___ o i mobili antic___?
6. ... i pantaloni strett___ o quelli larg___?
7. ... gli stivali ross___ o quelli viol___?
8. ... gli asparagi bianc___ o gli asparagi verd___?

2. Entscheiden

*Entscheiden Sie, welche Form von **bello** bzw. **buono** jeweils die richtige ist und kreuzen Sie sie an.*

1. una   bel ☐   donna
        bell' ☐
        bella ☐

2. dei   begli ☐   ragazzi
        bei ☐
        belli ☐

3. un   bello ☐   film
        bel ☐
        bell' ☐

4. dei   begli ☐   stivali
        bei ☐
        belli ☐

5. un   bello ☐   albero
        bel ☐
        bell' ☐

6. un   bel ☐   zaino
        bell' ☐
        bello ☐

7. un   buono ☐   romanzo
        buon ☐
        buona ☐

8. un   buono ☐   scrittore
        buon ☐
        buona ☐

9. dei   buon ☐   libri
        buone ☐
        buoni ☐

10. dei buon ☐   sci
        buone ☐
        buoni ☐

3. Ordnen

Ordnen Sie die Wörter so, dass daraus jeweils ein Vergleich entsteht.

Marta   **Maria**   **Nora**

| 1. è – più – rotondetta – la | 3. giovane – tutte – la – è – più – di | 5. la – bella – è – meno |

_____   _____   _____

_____   _____   _____

| 2. Maria – giovane – è – meno – di | 4. di – è – Marta – snella – più | 6. meno – di – elegante – è – Marta |

_____   _____   _____

_____   _____   _____

4. Entscheiden und umformen

Entscheiden Sie, ob jeweils das Adjektiv oder das Adverb zu ergänzen ist. Achten Sie bei den Adjektiven auch auf die passende Form.

1. Mario non è una persona (*facile*) _____ . 2. È uno che si irrita

(*facile*) _____ . 3. Vivere con lui è abbastanza (*difficile*) _____

_____ . 4. Ha anche delle qualità, (*naturale*) _____ : sa cucinare

molto (*buono*) _____ , è un (*buono*) _____ padre

ed è (*puntuale*) _____ ; non è come tante altre persone che agli

appuntamenti arrivano (*regolare*) _____ in ritardo.

~ Posso prendere **la tua** bicicletta?
≈ Mi dispiace, ma **la mia** è rotta.

~ Darf ich dein Fahrrad nehmen?
≈ Es tut mir Leid, aber meines ist kaputt.

Stasera vado da **mia** sorella. È il compleanno di **suo** figlio e ha invitato me e **mio** marito.

Heute Abend gehe ich zu meiner Schwester. Es ist der Geburtstag ihres Sohnes und sie hat mich und meinen Mann eingeladen.

~ È **Sua** questa borsa?
≈ Oh, grazie tante, è proprio **la mia.**

~ Ist das Ihre Tasche?
≈ Oh, danke sehr, es ist wirklich meine.

Non trovo **la mia** penna, potresti darmi **la tua,** per favore?

Mit dem Possessivpronomen, auch besitzanzeigendes Fürwort genannt, gibt man an, wem etwas gehört.

~ Non c'è più **il mio** impermeabile, l'ha preso qualcuno!
≈ Si calmi, signora. **Il suo** impermeabile lo troveremo.

In der Regel steht es vor dem Substantiv, dessen Besitz es bezeichnet. Man spricht in diesem Fall von adjektivischem Gebrauch.

~ Signora, è questo il suo impermeabile?
≈ No, **il mio** è più chiaro.

Es kann aber auch alleine stehen. Dann handelt es sich um pronominalen Gebrauch.

Bei den Possessivpronomen gelten für den pronominalen Gebrauch dieselben Regeln wie für den adjektivischen Gebrauch.

Formen des Possessivpronomens

Besitz in der Einzahl

Besitz / Besitzer	Einzahl männlich	Einzahl weiblich
io	il **mio** amico	la **mia** amica
tu	il **tuo** amico	la **tua** amica
lui / lei	il **suo** amico	la **sua** amica
Lei	il **Suo** amico	la **Sua** amica
noi	il **nostro** amico	la **nostra** amica
voi	il **vostro** amico	la **vostra** amica
Voi	il **Vostro** amico	la **Vostra** amica
loro	il **loro** amico	la **loro** amica

*Das Possessivprono-
men wird außer bei
Verwandtschafts-
bezeichnungen zusam-
men mit dem bestimm-
ten Artikel verwendet.
Dabei richtet sich
sowohl der bestimmte
Artikel als auch das
Possessivpronomen
selbst in Geschlecht
und Zahl nach dem
Besitz.
Nur **loro** bleibt
unverändert.*

Besitz in der Mehrzahl

Besitz / Besitzer	Mehrzahl männlich	Mehrzahl weiblich
io	i **miei** amici	le **mie** amiche
tu	i **tuoi** amici	le **tue** amiche
lui / lei	i **suoi** amici	le **sue** amiche
Lei	i **Suoi** amici	le **Sue** amiche
noi	i **nostri** amici	le **nostre** amiche
voi	i **vostri** amici	le **vostre** amiche
Voi	i **Vostri** amici	le **Vostre** amiche
loro	i **loro** amici	le **loro** amiche

*Auch wenn der Besitz
in der Mehrzahl steht,
richtet sich sowohl der
bestimmte Artikel als
auch das Possessivpro-
nomen in Geschlecht
und Zahl nach dem
Besitz.
Nur **loro** bleibt immer
unverändert.*

Wenn nicht ein bestimmter Besitz, sondern einer von mehreren bezeichnet wird, dann steht das Possessivpronomen mit dem unbestimmten Artikel:

Il signor Vinti è **un mio** conoscente.   *Herr Vinti ist einer meiner Bekannten.*
Carlo è **un nostro** cugino.   *Carlo ist einer unserer Cousins.*

Unterschiede zwischen italienischen und deutschen Possessivpronomen

Emilio ha perso **il suo libro.**

Sandra ha perso **il suo libro.**

*Die Formen **suo, sua, suoi** und **sue** werden sowohl bei einem Besitzer als auch bei einer Besitzerin verwendet, z. B. kann **il suo libro** „sein Buch" aber auch „ihr Buch" heißen.*

Emilio ha perso il **suo** portafoglio con la più bella foto **di lei.**
*Emilio hat **seine** Brieftasche mit **ihrem** schönsten Foto verloren.*
Sandra ha perso il **suo** portafoglio con la più bella foto **di lui.**
*Sandra hat **ihre** Brieftasche mit **seinem** schönsten Foto verloren.*

*Anstelle des Possessivpronomens kann zur Verdeutlichung die Präposition **di** zusammen mit dem entsprechenden betonten Personalpronomen verwendet werden.*

Was im Deutschen mit „ihr" bzw. „Ihr" ausgedrückt wird, müssen Sie im Italienischen auf unterschiedliche Weise wiedergeben:

*Pia hat **ihr** Auto verkauft.*
Pia ha venduto **la sua** macchina.

– *mit den Formen von **suo**, wenn Sie über eine Besitzerin sprechen.*

*Rosa und Rocco haben **ihr** Haus verkauft.*
Rosa e Rocco hanno venduto **la loro** casa.

– *mit **loro**, wenn Sie über mehrere Besitzer sprechen.*

*Hier ist **Ihr** Schlüssel, Frau Grassi.*
Ecco **la Sua** chiave, signora Grassi.
*Hier ist **Ihr** Schlüssel, Herr Grassi.*
Ecco **la Sua** chiave, signor Grassi.

– *mit den Formen von **Suo**, wenn Sie einen Besitzer oder eine Besitzerin höflich ansprechen bzw. siezen.*

*Wie geht es **Ihrem** Sohn?*
Come sta **Vostro** figlio?

– *mit den Formen von **Vostro**, wenn Sie mehrere Personen höflich ansprechen.*

*Hier ist **Ihr** Zimmer.*
Ecco **la loro** camera.

– *In einer sehr formellen Situation mit **loro**.*

Das Possessivpronomen bei Verwandtschaftsbezeichnungen

Al mio matrimonio c'erano quasi tutti i miei parenti. Mancavano solo **mio** fratello, **i miei** cugini e **la mia** vecchia zia.

An meiner Hochzeit waren fast alle meine Verwandten da. Es fehlten nur mein Bruder, meine Cousins und meine alte Tante.

Mia sorella ha 20 anni.
Cosa fa **tuo** padre?
Nostro figlio è in Inghilterra.

Der bestimmte Artikel fällt bei Verwandtschaftsbezeichnungen in der Einzahl in der Regel weg.

I signori Gallo sono venuti con **la loro** figlia.

*Bei **loro** hingegen müssen Sie den bestimmten Artikel immer setzen.*

Ebenso müssen Sie den bestimmten Artikel verwenden, wenn die Verwandtschaftsbezeichnung:

I miei nonni vivono a Roma.

– in der Mehrzahl steht,

Come sta **la tua sorellina?**
La mia mamma sta bene.

– eine Verkleinerungsform oder eine Koseform ist,

Il nostro vecchio zio è andato a vivere da sua figlia.

– durch ein Adjektiv näher bestimmt wird.

Sonderfälle

Weitere Fälle, bei denen man das Possessivpronomen ohne den bestimmten Artikel benutzt:

Vieni **a casa mia** dopo il cinema?
Saluta tua madre **da parte mia!**
Sandro è sempre **in camera sua.**
È colpa vostra se arriviamo tardi.

– bei einigen Wendungen mit nachgestelltem Possessivpronomen.

~ **È tua** questa borsa?
≈ No, non **è mia,** è di Chiara.

*– oft bei der Verbindung **essere** + Possessivpronomen, die mit „gehören" übersetzt wird.*

Das Demonstrativpronomen

Quanto costa **questa** camicetta?
Quest'anno non vorrei passare le vacanze all'estero.
Vedi **quella** macchina?
~ Quale vestito preferisci, **questo** o **quello** nero?
≈ **Quello** nero; è più elegante.

Was kostet diese Bluse?
Dieses Jahr möchte ich den Urlaub nicht im Ausland verbringen.
Siehst du jenes Auto?
~ Welches Kleid bevorzugst du, dieses oder das schwarze?
≈ Das schwarze; es ist eleganter.

È buono **questo vino.**
Questa marmellata è di ciliegie.
Quei pantaloni e **questa camicetta** sono vecchi.

~ Sono mature le pere?
≈ **Queste** sì, **quelle** non ancora.

Cosa fa **quella** nel nostro giardino?

Das Demonstrativpronomen kann beim Substantiv stehen, auf das es sich bezieht. Man spricht in diesem Fall von adjektivischem Gebrauch.

Es kann aber auch alleine stehen und man spricht dann von pronominalem Gebrauch.

Formen der Demonstrativpronomen

Das Demonstrativpronomen richtet sich in Geschlecht und Zahl nach seinem Bezugswort.

Questo

	Einzahl	Mehrzahl
männlich	**questo** vino	**questi** vini
weiblich	**questa** borsa	**queste** borse

Questo verhält sich wie ein Adjektiv auf **-o**, auch wenn man es pronominal anwendet.

Die Formen **questo** und **questa** werden vor einem Substantiv, das in der Einzahl steht und mit einem Vokal anfängt, meistens apostrophiert:

quest'anno, **quest'**estate, **quest'**inverno, **quest'**ora, **quest'**uva

Quello

*Wenn Sie **quello** adjektivisch benutzen, verhält es sich wie der bestimmte Artikel:*

Männliche Formen

Einzahl

il **d**isco	**quel d**isco
lo **sci**alle	**quello sci**alle
lo **z**aino	**quello z**aino
l' anno	**quell'** anno

Vor männlichen Substantiven in der Einzahl nehmen Sie:
- **quel** vor Konsonant,
- **quello** vor s + Konsonant,
  vor z oder vor **gn, ps, x** und **y,**
- **quell'** vor Vokal.

Mehrzahl

i **d**ischi	**quei d**ischi
gli **sci**alli	**quegli sci**alli
gli **z**aini	**quegli z**aini
gli anni	**quegli** anni

In der Mehrzahl nehmen Sie:
- **quei** vor Konsonant,
- **quegli** vor s + Konsonant,
  vor z oder vor **gn, ps, x** und **y**
  sowie vor Vokal.

Weibliche Formen

Einzahl

la **c**asa	**quella c**asa
l' **a**mica	**quell' a**mica

Vor weiblichen Substantiven in der Einzahl nimmt man:
- **quella** vor Konsonant,
- **quell'** vor Vokal.

Mehrzahl

le **c**ase	**quelle c**ase
le **a**miche	**quelle a**miche

*In der Mehrzahl nimmt man immer **quelle.***

---

*Viel einfacher sind die Formen von **quello,** wenn es alleine steht.*
Wie Sie an folgenden Beispielen erkennen können, verhält es sich dann wie ein Adjektiv auf -o:

Preferisci lo yogurt alle fragole o
  quello al limone?
Vi piacciono di più i mobili moderni
  o **quelli** antichi?
Quale camicia metto, questa o **quella?**

~ Quali scarpe metto per la
  passeggiata?
≈ Metti **quelle** più comode.

Gebrauch

Di chi sono **queste** chiavi?
Vedi **quel** signore vicino alla finestra?
  È il mio dentista.

Mit dem Demonstrativpronomen lenkt man die Aufmerksamkeit des Gesprächspartners auf eine bestimmte Person oder Sache.

Scusi, è **questo** il treno per Napoli?
Quest'inverno fa proprio freddo.

*Dabei nehmen Sie **questo** „dieser", wenn die Sache bzw. Person Ihnen räumlich oder zeitlich nahe steht.*

*Mit **quello** „jener" drücken Sie hingegen:*

È carina **quella** ragazza seduta
  in fondo al corridoio.

– eine räumliche

Vi ricordate **quella** sera di tanti anni fa
  quando papà ritornò dal Canada?

– oder zeitliche Entfernung aus.

---

*Ohne jeglichen Bezug auf räumliche oder zeitliche Entfernungen kann man mit **quello** ein Substantiv ersetzen, das zuvor genannt wurde:*

~ Quale **vino** preferisci, **quello**
  bianco o **quello** rosso?
≈ **Quello** rosso.

Mi piacciono molto **i romanzi** dei giovani
  scrittori italiani; **quelli** di Baricco, per
  esempio, o **quelli** di De Carlo.

42

Die unbestimmten Pronomen

Per il suo matrimonio, mia figlia ha voluto fare una grande festa. Ha invitato **tutti i** suoi amici e colleghi e persino **qualche** vicino. Non sono venuti **tutti. Alcuni** purtroppo quel giorno non potevano venire, ma c'era lo stesso **tanta** gente.

An ihrer Hochzeit wollte meine Tochter ein großes Fest machen. Sie hat alle ihre Freunde und Kollegen eingeladen und sogar einige Nachbarn. Es sind nicht alle gekommen. Einige konnten an dem Tag leider nicht kommen, aber es waren trotzdem viele Leute da.

Vom Gebrauch her unterscheidet man drei Gruppen von unbestimmten Pronomen:

Ho fatto **tante foto.** Purtroppo **tante** non sono venute bene.
Alla televisione ci sono **tanti film, tanti** purtroppo non sono buoni.

*– unbestimmte Pronomen, die sowohl beim Substantiv als auch alleine stehen können.
Im ersten Fall spricht man von adjektivischem, im zweiten von pronominalem Gebrauch.*

Ha telefonato **qualcuno?**
È successo **qualcosa?**

– unbestimmte Pronomen, die sich nur pronominal gebrauchen lassen, d. h. alleine stehen.

Ho invitato **qualche** amico.
Ogni mattina faccio ginnastica.

– unbestimmte Pronomen, die nur adjektivisch benutzt werden können, d. h. sie stehen bei einem Substantiv.

Unbestimmte Pronomen mit adjektivischem und pronominalem Gebrauch

Faccio jogging **tutti i** giorni.
Tutti sanno chi è la nuova direttrice, ma **pochi** l' hanno vista.

Die unbestimmten Pronomen, die zu dieser Gruppe gehören, richten sich in Geschlecht und Zahl nach dem Substantiv, auf das sie sich beziehen:

Ho scritto a **molte** amiche, **poche** mi hanno risposto.

*– sowohl beim adjektivischen
– als auch beim pronominalen Gebrauch.*

Poco, molto, tanto, troppo

Poco, molto, tanto und **troppo** haben in der Regel folgende deutsche Bedeutungen:

C'è **poco** spazio per ballare.
Claudia ha **poche** amiche.

– *poco, -a* „wenig",
  pochi, -e „wenige",

C'è ancora **molto** pane.
Molti giovani sono disoccupati.

– *molto, -a* „viel",
  molti, -e „viele",

~ C'è ancora della birra?
≈ Sì **tanta.**
Ho comprato **tanti** grissini.

– *tanto, -a* „(so) viel",
  tanti, -e „(so) viele",

Nella minestra c'è **troppo** sale.
Ci sono **troppe** macchine.

– *troppo, -a* „zu viel"* und
  troppi, -e „zu viele".

Poco, molto, tanto und **troppo** können auch Adverb sein. Sie bleiben dann unverändert:

Nino ha mangiato **poco** e bevuto **molto.**
Nina hat wenig gegessen und viel getrunken.
Mi dispiace **tanto,** ma adesso è **troppo** tardi per uscire.
Es tut mir sehr Leid, aber jetzt ist es zu spät um auszugehen.

Tutto

Oggi ho dormito **tutta la** mattina.
  Ma di solito mi alzo **tutti i** giorni alle sette.

Steht **tutto** beim Substantiv, wird dieses mit dem bestimmten Artikel verwendet und richtet sich in Geschlecht und Zahl nach dem Substantiv, auf das es sich bezieht. Es heißt:

Non ho visto **tutto il** film.

– *in der Einzahl „ganz",*

Ho visto **tutti i** film di Antonioni.

– *in der Mehrzahl „alle" bzw. „jeder".*

~ Che cosa vedete?	Steht **tutto** alleine, entspricht die
≈ **Tutto.**	Einzahl meist dem deutschen „alles"
	bzw. „ganz".
~ Hai mangiato tutto il riso?	Die Mehrzahl wird mit „alle"
≈ Sì, **tutto.**	wiedergegeben.
	Auch in diesem Fall wird es in
~ Hai salutato **tutti?**	Geschlecht und Zahl seinem Bezugs-
≈ Sì, **tutti.**	wort angeglichen.

Sie kennen vielleicht auch Sätze wie „**Ho i vestiti tutti bagnat<u>i</u>.**" oder „**Claudia è diventata tutta ross<u>a</u>.**" Vor einem Adjektiv wird **tutto** meist mit „ganz" wieder-gegeben. Es richtet sich in Geschlecht und Zahl nach dem Substantiv, auf das es sich bezieht, auch wenn es in diesen Fällen die Funktion eines Adverbs hat.

Alcuno

Ho ricevuto **alcuni** fax.	**Alcuno** wird vor allem in der Mehr-
~ Hanno risposto le tue amiche?	zahl verwendet und heißt „einige".
≈ **Alcune** sì.	

Non ho **alcuna** voglia di partire.	In der Einzahl gebraucht man es in
Sabrina si è arrabbiata **senza alcun**	Sätzen, die mit **non** oder **senza** verneint
motivo.	werden und bedeutet „kein(e) einzi-
	ge(r, s)" bzw. „ohne jegliche(n, s)".

Nessuno

Nessuno können Sie nur in der Ein-
zahl benutzen.

Non ho **nessun** problema.	– Im adjektivischen Gebrauch heißt
Non ho fatto **nessuno** sbaglio.	es „kein (einzige(r, s))".

Qui non conosciamo **nessuno.**	– Pronominal verwendet heißt
Non ha scritto **nessuno.**	**nessuno** „niemand".

Wenn **nessuno** und **alcuno** beim Substantiv stehen und in der Einzahl sind, bilden sie ihre Formen nach den Regeln des unbestimmten Artikels.

Männliche Formen:	un motivo	→	**alcun/nessun**	motivo
	uno sbaglio	→	**alcuno/nessuno**	sbaglio
	un aiuto	→	**alcun/nessun**	aiuto
Weibliche Formen:	una lettera	→	**alcuna/nessuna**	lettera
	un' idea	→	**alcun'/nessun'**	idea

 Weitere Angaben zu **nessuno** finden Sie im Kapitel über die Verneinung.

È arrivato **qualcuno**.
Ognuno è libero di fare quello che vuole.
Ho fatto **qualcosa** per te.
Per Natale non voglio **niente**.
Non voglio **nulla** da te.

Zu den unbestimmten Pronomen, die
Sie nur pronominal, also alleine,
benutzen können, gehören
qualcuno, ognuno, qualcosa, niente
*und **nulla**.*

Qualcuno, ognuno

*Qualcuno und **ognuno** können Sie*
nur in der Einzahl gebrauchen.

C'è **qualcuno**?
Conosci **qualcuna** di quelle ragazze?

Qualcuno heißt „jemand".
Die weibliche Form ist seltener und
bedeutet „(irgend)eine".

Ognuno vuole aver ragione.
Ognuna di noi ha dei problemi.

Ognuno bedeutet „jeder (einzelne)".
Die weibliche Entsprechung lautet
ognuna „jede (einzelne)".

Chiunque, qualcosa

*Chiunque und **qualcosa** sind unver-*
änderlich.

Chiunque può fare questo lavoro.

Chiunque heißt „jeder (beliebige)".

Se hai bisogno di **qualcosa** devi dirlo.

Qualcosa bedeutet „etwas".

Niente, nulla

Non si vede **niente**.
Non ho sentito **niente**.
Non è successo **nulla**.

Niente und die etwas gehobenere
*Form **nulla** sind unveränderlich und*
heißen auf Deutsch „nichts".

*„Etwas'' und „nichts'' kommen oft in Ausdrücken wie z. B. „etwas/nichts Schönes''
oder „etwas/nichts zu tun'' vor. Auf Italienisch drücken Sie solche Wendungen mit
Hilfe der Präpositionen **di** bzw. **da** folgendermaßen aus:*

Deutsch	→	Italienisch

- *etwas/nichts + substantiviertes Adjektiv* → **qualcosa/niente + di** + *Adjektiv:*
  etwas/nichts Gutes **qualcosa/niente di** buono,
- *etwas/nichts + zu + Verb* → **qualcosa/niente + da** + *Verb:*
  etwas/nichts zu sehen **qualcosa/niente da** vedere

Unbestimmte Pronomen mit adjektivischem Gebrauch

Mario è qui da **qualche** giorno.
In estate vado **ogni** giorno in piscina.
Telefona pure a **qualsiasi** ora.
Farei **qualunque** lavoro che mi offrono.

*Unbestimmte Pronomen, die man nur
adjektivisch verwenden kann, sind
z. B. **qualche, ogni, qualsiasi** und
qualunque. Sie sind unveränderlich
und kommen nur in der Einzahl vor.*

Qualche

Ho invitato **qualche** amica.
Ho **qualche** giorno di vacanza.

*Qualche heißt „einige'' und ist
gleichbedeutend mit **alcuni, -e.***

*Zwischen **qualche** und **alcuni, -e** gibt es zwar keinen Bedeutungsunterschied, dafür
aber einen grammatischen Unterschied. Bei **qualche** steht das nachfolgende Sub-
stantiv in der Einzahl, bei **alcuni, -e** hingegen in der Mehrzahl:*

Mario è partito **qualche giorno** fa. **Qualche studente** non ha capito niente.
Mario è partito **alcuni giorni** fa. **Alcuni studenti** non hanno capito niente.

Ogni

Enzo ed io ci vediamo **ogni** giorno.

Ogni bedeutet „jede(r, s)''.

Qualunque, qualsiasi

Potete venire a **qualsiasi** ora.
Andiamo a sciare con **qualunque**
  tempo.

*Qualunque und qualsiasi entspre-
chen dem deutschen „jede(r, s)
(beliebige)''.*

1. Umformen

Formen Sie die angegebenen Possessivpronomen in die Einzahl bzw. Mehrzahl um.

Einzahl		Mehrzahl
il mio disco	→	_____ dischi
_____ foto	←	*le tue* foto
il suo biglietto	→	_____ biglietti
_____ problema	←	*i nostri* problemi
la vostra difficoltà	→	_____ difficoltà
il loro cane	→	_____ cani

2. Entscheiden

*Entscheiden Sie, ob Sie die Dialoge mit **questo** oder mit **quello** ergänzen müssen und welches die jeweils passende Form des gewählten Demonstrativpronomens ist.*

1. ~ Senti, quale gonna metto per l'invito dei Grassi, _____ o _____?

    ≈ Mah, non so, metti _____ più comoda.

2. ~ Scusi, dov'è il ristorante „Le tre sorelle"?

    ≈ Allora, vede _____ semaforo là in fondo? Ecco, è lì a destra.

3. ~ Senti, sai chi sono _____ signori là accanto alla porta?

    ≈ Certo, _____ più piccolo è il professor Minelli, l'altro è l'avvocato Pastrani.

4. ~ Sai che _____ estate non andiamo in vacanza?

    ≈ Ma come, rimanete in città tutta l'estate?

    ~ Eh sì, purtroppo è così.

3. Ergänzen

*Ergänzen Sie die Sätze mit der jeweils passenden Form von **quello**.*

Ti ricordi ...

1. _____ anno in cui siamo andati in Irlanda per la prima volta?
2. _____ famiglia greca che abbiamo conosciuto al mare, anni fa?
3. _____ ragazzi che non avevano abbastanza soldi per tornare a casa?
4. _____ estate caldissima in cui dormivamo in terrazza?
5. _____ studente tedesco che aveva attraversato l'Italia in bicicletta?
6. _____ giorno in cui ci hanno rubato la macchina?
7. _____ spaghetti che preparammo sulla spiaggia alle due di notte?

4. Lesen, entscheiden und umformen

Lesen Sie die Sätze und entscheiden Sie dann, welches der angegebenen unbestimmten Pronomen das jeweils passende ist. Setzen Sie es, falls nötig, in die richtige Form.

1. **tutto, ogni, ognuno**

    _____ anno a Natale, i miei genitori ed io facciamo i tortellini.

2. **qualcosa, alcuno, ognuno**

    _____ di noi può sbagliare.

3. **tutto, qualche, alcuno**

    _____ giorno fa è successo un grave incidente davanti a casa nostra.

4. **qualsiasi, tutto, ognuno**

    Per guadagnare un po' durante le vacanze farei _____ lavoro.

5. **qualunque, qualche, tutto**

    _____ anni, per il mio compleanno, i miei colleghi mi regalano un enorme mazzo di fiori.

6. **niente, troppo, qualcosa**

    Quando vado al mercato compro sempre _____ roba.

7. **qualcuno, nessuno, alcuno**

    Mio marito quando ha mal di testa non vuole vedere _____ .

8. **niente, qualunque, ogni**

    Stasera alla televisione non c'è proprio _____ di interessante.

Die Personalpronomen

Io sono italiana, **lui** è svizzero.

Ich bin Italienerin, er ist Schweizer.

~ Quando fai i compiti?

~ *Wann machst du die Hausaufgaben?*

≈ **Li** faccio subito.

≈ *Ich mache sie sofort.*

~ Hai visto i Masu alla festa?

~ *Hast du die Masus auf dem Fest gesehen?*

≈ **Lei** sì, **lui** no.

≈ *Sie ja, ihn nicht.*

~ Vi piace l'arte moderna?

~ *Gefällt euch die moderne Kunst?*

≈ **A me** molto, **a lei** no.

≈ *Mir sehr, ihr nicht.*

~ Come **ti** senti?

~ *Wie fühlst du dich?*

≈ Bene, grazie.

≈ *Gut, danke.*

~ Vai spesso dai tuoi genitori?

~ *Gehst du oft zu deinen Eltern?*

≈ **Ci** vado abbastanza spesso.

≈ *Ich gehe ziemlich oft dorthin.*

~ Prende un caffè?

~ *Trinken Sie einen Kaffee?*

≈ No grazie, **ne** ho appena bevuto uno.

≈ *Nein danke, ich habe soeben einen getrunken.*

~ Hai restituito i soldi a Enzo?

~ *Hast du Enzo das Geld zurückgegeben?*

≈ Non preoccuparti, **glieli** restituisco nei prossimi giorni.

≈ *Mach dir keine Sorgen, ich gebe es ihm in den nächsten Tagen zurück.*

~ Conosci **Franco?**

≈ Sì, **lo** conosco.

~ Quando vai **dal dentista?**

≈ **Ci** vado domani.

Mit den Personalpronomen können Sie bereits Erwähntes anders und in verkürzter Form wiedergeben.

Das Subjektpronomen

Noi rimaniamo a casa; **voi** che cosa fate?

Wir bleiben zu Hause; was macht ihr?

<u>Carlo</u> è di Pavia, <u>Pia</u> è di Roma.

Lui è di Pavia, **lei** è di Roma.

Das Subjektpronomen steht für das Subjekt.

~ Chi lava i piatti oggi?
≈ **Io.**

~ C'erano i Masu ieri sera?
≈ C'era **lui, lei** è a Londra.

Es hat nur betonte Formen und kann alleine, d. h. ohne Verb stehen, oder es wird mit einem Verb verwendet.

Formen

In der Einzahl lauten die Formen des Subjektpronomens:

Io ho fame, anche

- *io „ich" für die 1. Person,*

tu hai fame?

- *tu „du" für die 2. Person,*

Lui vuole andare al lago,
lei al mare.

- *lui „er" für die 3. Person männlichen Geschlechts,*
  lei „sie" für die 3. Person weiblichen Geschlechts,

Lei, signor Masu, che cosa prende da bere?
Lei, signora, prende un'acqua minerale?

- *Lei „Sie" bei der höflichen Anrede einer Person männlichen oder weiblichen Geschlechts.*

In der Mehrzahl lauten sie:

Noi andiamo al cinema,

- *noi „wir" für die 1. Person,*

voi cosa fate?

- *voi „ihr" für die 2. Person,*

Anche **Voi,** signori, prendete un caffè?

- *Voi „Sie" bei der höflichen Anrede mehrerer Personen.*

Loro sono tedeschi, io sono italiano.

- *loro „sie" für die 3. Person.*

---

*Es kann vorkommen, dass Sie zum Beispiel im Restaurant oder Hotel nicht mit **Voi** sondern mit **Loro** angesprochen werden.*
Es handelt sich dabei um eine besonders höfliche Anredeform, die man in sehr formellen Situationen mehreren Personen gegenüber gebraucht.
*Als höfliche Anrede werden in Briefen **Voi** und **Loro** meistens großgeschrieben.*

51

Gebrauch

Denken Sie daran, dass man im Gegensatz zum Deutschen im Italienischen das Verb in der Regel ohne Subjektpronomen benutzt, da man an der Verbform die entsprechende Person bereits erkennen kann:

Ich esse.	**Mangio.**
Rauchst du?	**Fumi?**
Wir sind müde.	**Siamo** stanchi.

Benutzen Sie das Subjektpronomen nur:

~ Chi va al mare quest'estate?
≈ **Noi.**

– *um die Person bzw. die Personen gegenüber anderen hervorzuheben,*

Noi torniamo a casa in macchina, **loro** preferiscono tornare a piedi.

– *bei Gegenüberstellungen,*

Lei, signora, che cosa prende?

– *bei der höflichen Anrede häufig,*

Venite **anche voi** in discoteca?

– *nach **anche**.*

*Die Formen **lui, lei** und **loro** können Sie nicht verwenden, wenn es sich um Gegenstände handelt. Bei Gegenständen benutzen Sie das Verb jeweils ohne Subjektpronomen oder Sie nehmen das entsprechende Substantiv wieder auf, z. B.:*

I Nardelli hanno comprato ⎡una casa⎤. **È** bella e molto spaziosa.
Nardellis haben ein Haus gekauft. Es ist schön und sehr geräumig.

Vi do ⎡i compiti⎤. Non **sono** difficili, ma **sono** utili.
Ich gebe euch die Hausaufgaben. Sie sind nicht schwierig, aber sie sind nützlich.

Die Objektpronomen

Ti amo.	*Ich liebe dich.*
~ **Ti** ha scritto Lucia?	~ *Hat dir Lucia geschrieben?*
≈ No, **a me** non scrive mai.	≈ *Nein, mir schreibt sie nie.*

Im Italienischen gibt es wie im Deutschen direkte und indirekte Objektpronomen.

~ Hai fatto **la spesa?**
≈ Non ancora, **la** faccio più tardi.

Die direkten Objektpronomen stehen für ein direktes Objekt/Akkusativobjekt.

~ Hai scritto **alla nonna?**
≈ Certo, **le** ho scritto stamattina.

Und mit den indirekten Objektpronomen ersetzen Sie ein indirektes Objekt/Dativobjekt.

---

*Im Italienischen erkennen Sie das indirekte Objekt am Vorhandensein der Präposition **a** beim jeweiligen Substantiv:*

Che cosa regali **a tuo marito?**

Das direkte Objekt erkennen Sie hingegen am Fehlen dieser Präposition:

La sera guardo volentieri **la televisione.**   Oggi non ho visto **Carlo.**

Es gibt betonte Formen:

Perché hai invitato **me** e non **lei?**

– sowohl für das direkte

A me la cucina giapponese piace, piace anche **a te?**

– als auch für das indirekte Objektpronomen.

Perché **mi** hai invitato?
La cucina giapponese **mi** piace.

Und es gibt unbetonte Formen für beide Objektpronomen.

Die Formen der betonten Objektpronomen

~ **A voi** piace ballare?
≈ **A me** piace molto, **a lui** non so.

*Die betonten Formen des indirekten und des direkten Objektpronomens unterscheiden sich lediglich durch das Vorhandensein oder Fehlen der Präposition **a**:*

~ Perché hai invitato **me** e non **lui?**
≈ Perché **lui** è in vacanza.

A te piace sciare?

*– **a** steht bei den indirekten Objektpronomen*

Voglio vedere solo **te.**

– und fehlt bei den direkten.

53

Indirekte Ob-jektpronomen	Direkte Objekt-pronomen
Pia scrive	Pia conosce solo
a me.	me.
a te.	te.
a lui.	lui.
a lei.	lei.
a Lei.	Lei.
a noi.	noi.
a voi. a Voi.	voi. Voi.
a loro. a Loro.	loro. Loro.
Pia pensa a sé.	Pia ama solo sé stessa.

Die betonten Objektpronomen lauten:

- *a me „mir", me „mich".*

- *a te „dir" und te „dich".*

- *a lui „ihm", lui „ihn".*

- *a lei „ihr" und lei „sie".*

- *a Lei „Ihnen" und Lei „Sie". Man nimmt diese beiden Formen bei der höflichen Anrede einer Person.*

- *a noi und noi „uns".*

- *a voi und voi „euch". Bei der höflichen Anrede mehrerer Personen steht a Voi für „Ihnen" und Voi für „Sie".*

- *a loro „ihnen", loro „sie". Bei der sehr formellen Anrede mehrerer Personen nimmt man a Loro für „Ihnen" und Loro für „Sie" anstelle von a Voi bzw. Voi.*

- *a sé und sé „sich". Sie stehen für das Reflexivpronomen.*

Es gibt Verben, die im Italienischen ein direktes Objekt verlangen, im Deutschen hingegen ein indirektes Objekt bzw. ein präpositionales Objekt, z. B.:

Italienisch: direktes Objekt → Deutsch: indirektes Objekt/präpositionales Objekt

aiutare qu   *jdm helfen*
ascoltare qu   *jdm zuhören*
aspettare qu   *auf jdn warten*
ringraziare qu *jdm danken*
seguire qu   *jdm folgen*

Der umgekehrte Fall, bei dem nach einem italienischen Verb ein indirektes Objekt folgt, das entsprechende deutsche Verb hingegen ein direktes Objekt bzw. ein präpositionales Objekt verlangt, kommt natürlich auch vor:

Italienisch: indirektes Objekt →	Deutsch: direktes Objekt/präpositionales Objekt
domandare a qu	*jdn fragen*
chiedere a qu	*jdn fragen*
pensare a qu	*an jdn denken*
telefonare a qu	*jdn anrufen*

Der Gebrauch der betonten Objektpronomen

Die betonten Objektpronomen werden gebraucht:

Flavio guarda solo **te**.
A noi l'aglio piace molto.

– *wenn die Person bzw. die Personen hervorgehoben werden,*

Conosco **lui, lei** no.

– *bei Gegenüberstellungen,*

Io vado al mare, chi viene **con me?**
C'è una lettera **per te**.
Abbiamo parlato **di lui**.
Possiamo venire **da voi** stasera?
Carla è **fuori di** sé.
Secondo me Franca ha ragione.

– *nach Präpositionen, wie z. B.* **con, per, di, da, fuori di, sotto di, dopo di, senza di, secondo,**

Mio fratello è più alto **di me**.
Mia sorella è alta **come me**.

– *bei Vergleichen nach* **di, come** *und* **quanto,**

Anche a te piace la rucola?

– *nach* **anche.**

Die Formen der unbetonten Objektpronomen

Se **mi** ami, **mi** scrivi.
Ti amo e **ti** scrivo tutti i giorni.
Ci senti? Perché non **ci** rispondi?
Vi aspetto perché **vi** voglio dare un
  regalo per Marcello.

In der 1. und 2. Person Einzahl und Mehrzahl unterscheiden sich die unbetonten Formen des indirekten und des direkten Objektpronomens nicht.

~ Che cosa regali **a Marco**?
≈ Forse **gli** regalo un libro.
~ Da quando conosci **Marco**?
≈ **Lo** conosco da due anni circa.

Nur in der 3. Person Einzahl haben das indirekte und das direkte Objektpronomen unterschiedliche Formen.

~ Che cosa hai offerto **ai colleghi?**

≈ **Gli** ho offerto del prosecco.

~ Hai già invitato **i tuoi colleghi?**

≈ Sì, **li** ho invitati per il mio compleanno.

Auch in der 3. Person Mehrzahl haben das indirekte und das direkte Objektpronomen unterschiedliche Formen.

Indirekte Objektpronomen	Direkte Objektpronomen
Pia non	Pia non
mi scrive.	**mi** saluta.
ti scrive?	**ti** saluta?
gli scrive.	**lo** saluta.
le scrive.	**la** saluta.
Le scrive?	**La** saluta?
ci scrive.	**ci** saluta.
vi scrive? **Vi** scrive?	**vi** saluta? **Vi** saluta?
gli scrive.	**li** saluta. **le** saluta.
scrive **Loro?**	**Li** saluta? **Le** saluta?
Perché non **si** fa un tè? **si** fanno un tè?	Perché non **si** scusa? **si** scusano?

Die indirekten und direkten Objektpronomen lauten:

– *mi ,,mir'' und ,,mich''.*

– *ti ,,dir'' und ,,dich''.*

– *gli ,,ihm'', lo ,,ihn''.*

– *le ,,ihr'', la ,,sie''.*

– *bei der höflichen Anrede einer Person männlichen oder weiblichen Geschlechts Le für ,,Ihnen'' und La für ,,Sie''.*

– *ci ,,uns''.*

– *vi für ,,euch''. Bei der höflichen Anrede mehrerer Personen heißt Vi ,,Ihnen'' bzw. ,,Sie''.*

– *gli ,,ihnen'', li und le ,,sie''. Li steht für Personen und Sachen männlichen Geschlechts, während le für Personen und Sachen weiblichen Geschlechts steht.*

– *bei der sehr formellen Anrede mehrerer Personen Loro für ,,Ihnen'' und Le bzw. Li für ,,Sie''.*

– *si ,,sich'' für das Reflexivpronomen in der Einzahl und in der Mehrzahl.*

Die Reflexivpronomen haben außer in der 3. Person Einzahl und Mehrzahl diesel-
ben Formen wie die direkten und indirekten Objektpronomen.

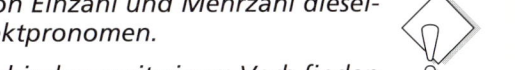 *Einen Überblick der Reflexivpronomen in Verbindung mit einem Verb finden*
Sie in dem Kapitel „Die reflexiven Verben".

Lo, la, li und le

Merken Sie sich zu lo, la, li und le
Folgendes:

~ Hai già letto l'ultimo libro di
  Baricco?
≈ No, non l'ho ancora letto.

– *Vor h und oft auch vor einem Vokal*
  werden lo und la apostrophiert.

~ Potresti aiutare **Carla?**
≈ Certo, l'aiuto subito.

≈ Conoscete **i film di Visconti?**
~ Certo, li abbiamo visti tutti.

≈ Hai preso **la medicina?**
~ L'ho presa stamattina.

– *Wenn lo, la, li oder le vor einem*
  Partizip Perfekt stehen, das in einer
  zusammengesetzten Zeit mit avere
  konjugiert wird, richtet sich das
  Partizip Perfekt in Geschlecht und
  Zahl nach dem vorausgehenden
  direkten Objektpronomen.

≈ Chi ha telefonato?
~ Non **lo** so.

– *Die Form lo kann sich auch auf*
  einen Sachverhalt beziehen und
  „es" bedeuten.

Der Gebrauch der unbetonten Objektpronomen

~ **Mi** telefoni?
≈ Certo, appena arrivo **ti** telefono.

   Vi prego di ascoltar**mi.**

Die unbetonten Objektpronomen
können nicht alleine stehen. Sie
werden immer zusammen mit
einem Verb verwendet.

Die Stellung der unbetonten Objektpronomen

~ **Vi disturba** se fumo?
≈ No, non **ci disturba** affatto.

Die unbetonten Objektpronomen
stehen in der Regel vor dem
konjugierten Verb.

Perché non sei venuto? **Ti abbiamo**
  aspettato tutta la sera.

Bei zusammengesetzten Zeiten
stehen sie vor dem Hilfsverb.

Signori, posso **offrire Loro** un aperitivo?	*Nur das sehr formelle **Loro**, das bei der höflichen Anrede mehrerer Personen verwendet wird, steht nach dem Verb.*
	In gewissen Fällen werden die unbetonten Pronomen jedoch angehängt, so z. B.:

Ho cercato di telefonar**ti**. Siamo felici di veder**vi**. Sono partiti senza salutar**ci**.	*– an den Infinitiv, der dabei den Endvokal verliert.*
Vedendo**mi** è diventato tutto rosso.	*– an das Gerundium.*
Guarda**mi**! Che bella frutta, prendiamo**la**! Riposate**vi**, se siete stanchi!	*– an den Imperativ,*
Signora, questo prosciutto è ottimo, **lo** prenda!	*nicht aber an den höflichen Imperativ.*
~ Ma dove siete? ~ Mi dai le chiavi? ≈ Ecco**ci**. ≈ Ecco**le**.	*– an **ecco**.*

 Zusätzliche Erklärungen zu den unbetonten Objektpronomen in Verbindung mit dem Imperativ finden Sie in dem Kapitel über den Imperativ.

	Es gibt auch Fälle, in denen Sie das unbetonte Objektpronomen vor das konjugierte Verb stellen oder an das Verb anhängen können. Dies gilt:

Vi devo parlare./Devo parlar**vi**. **Li** ho potuti vedere./Ho potuto veder**li**.	*– wenn auf **dovere, potere, volere** oder **sapere** ein Verb im Infinitiv folgt.*
Ti vengo a prendere. Vengo a prender**ti**.	*– wenn bei **andare** oder **venire** ein Verb im Infinitiv folgt.*
Non far**lo**!/Non **lo** fare! Non fate**lo**!/Non **lo** fate!	*– beim verneinten Imperativ,*
Signora, non **lo** faccia!	*beim höflichen Imperativ hingegen müssen Sie das Pronomen vor das Verb setzen.*

Die Pronominaladverbien ci und ne

~ Vai spesso al ristorante?
≈ **Ci** vado abbastanza spesso, sì.

~ Tu pensi solo al tuo lavoro!
≈ Non è vero, adesso proprio non
  ci pensavo.

~ Signora, prende dello zucchero?
≈ **Ne** ho già preso, grazie.

~ Non hai voglia di uscire, vero?

≈ È vero, non **ne** ho tanta voglia.

~ Gehst du oft ins Restaurant?
≈ Ja, ich gehe ziemlich oft dorthin.

~ Du denkst nur an deine Arbeit!
≈ Das ist nicht wahr, ich dachte jetzt
  überhaupt nicht daran.

~ Meine Dame, nehmen Sie Zucker?
≈ Ich habe schon welchen genom-
  men, danke.

~ Du hast keine Lust auszugehen,
  nicht wahr?
≈ Das stimmt, ich habe keine große
  Lust dazu.

ci

≈ Andate spesso **a Monaco**?
~ **Ci** andiamo ogni anno in autunno.
~ Quando vai **dal parrucchiere**?
≈ **Ci** vado sabato.

Das Pronominaladverb **ci** steht für
Ortsangaben und wird im Deutschen
mit „(da)hin", „(dort)hin", „da" oder
mit „dort" wiedergegeben.

~ Credi **a quello che scrivono i giornali**?
≈ No, non **ci** credo.
~ Pensi ancora **all'esame**?
≈ No, adesso non **ci** penso più.

Ci steht auch für Ergänzungen mit **a**,
die sich auf Sachen oder Sachverhalte
beziehen.
Es entspricht dem deutschen
„daran".

ne

~ Ho comprato **troppe ciliegie, ne** vuoi
  un po'?
≈ Grazie, ma **ne** ho comprate anch'io.
~ Hai **dei colleghi stranieri**?
≈ Sì, **ne** ho due.

Ne kann sich auf zuvor genannte
Personen oder Sachen beziehen und
eine Teilmenge davon bezeichnen.
In solchen Fällen bleibt **ne** im Deut-
schen meist unübersetzt.

*Bezeichnet **ne** eine Teilmenge und steht es bei einer zusammengesetzten Zeit vor einem mit **avere** verbundenen Partizip Perfekt, richtet sich dieses in Geschlecht und Zahl nach dem durch **ne** ersetzten Begriff:*

≈ Hai fatto **delle foto?**

~ Sì, **ne** ho fatte tante.

≈ **Quanti biglietti** hai preso?

~ **Ne** ho presi quattro.

~ Sei convinto **di quello che dici?**

≈ **Ne** sono convinto, sì.

~ Hai voglia **di uscire** stasera?

≈ No, stasera non **ne** ho tanta voglia.

~ Hai bisogno **del dizionario?**

≈ No, adesso non **ne** ho bisogno.

__Ne__ kann auch für Ergänzungen mit __di__ stehen.
Im Deutschen wird es meist mit „davon", „dazu" oder „darüber" wiedergegeben.
In Einzelfällen kann es auch unübersetzt bleiben.

__Ne__ ersetzt überdies Ergänzungen mit __da__ und bedeutet:

Il gatto è salito sul tetto, ma non **ne** è più sceso. **(ne = dal tetto)**

– *„von dort",*

Ho visto il tuo quadro. **Ne** sono affascinato. **(ne = dal quadro)**

– *„davon".*

---

*Für die Stellung von **ci** und **ne** gelten dieselben Regeln wie für die unbetonten Objektpronomen, z. B.:*

__Ci__ und __ne__ stehen in der Regel vor dem konjugierten Verb:

~ Quando vai al corso di italiano?

≈ **Ci** vado il martedì sera.

~ Quanti programmi vedi con il tuo televisore?

≈ **Ne** vedo circa trenta.

Bei zusammengesetzten Zeiten stehen __ci__ und __ne__ vor dem Hilfsverb:

~ È vero che hai abitato a Parigi?

≈ Certo, **ci** ho abitato per tre anni.

~ Carla ha fatto un ottimo tiramisù.
Ne ho mangiato la metà.

 Mehr über die Stellung der Pronomen können Sie im Abschnitt „Die Stellung der unbetonten Objektpronomen" nachlesen.

Die Doppelpronomen

È arrivato un fax per voi;
  ve lo porto subito.

~ Mi dai il giornale, per favore?
≈ Aspetta, finisco di leggere un
  articolo e **te lo** do.

Dimmi la verità, dim**mela** subito!

~ Ci sono ancora delle uova?
≈ No, non **ce ne** sono più.

Ci date **il vostro indirizzo?**
Ce lo date?

Pia **si** fa **un caffè.**
Pia **se lo** fa.

Mi passi **il sale,** per favore?
Me lo passi, per favore?

Ti do **la mia giacca.**
Te la do.

Darò **i libri a Gianni.**
Glieli darò.

Presto **la macchina a Rosa.**
Gliela presto.

Signora, **Le** do **il mio libro.**
Glielo do.

Potresti dar**mi il tuo dizionario?**
Potresti dar**melo?**

Dam**mi la lettera!**
Dam**mela!**

Ein Fax ist für euch angekommen;
  ich bringe es euch sofort.

~ Gibst du mir die Zeitung, bitte?
≈ Warte, ich lese einen Artikel zu
  Ende und gebe sie dir.

Sag mir die Wahrheit, sag sie mir
  sofort!

~ Gibt es noch Eier?
≈ Nein, es gibt keine mehr.

Es kommt oft vor, dass ein unbeton-
tes indirektes Objektpronomen auf
ein unbetontes direktes Objektpro-
nomen trifft.
In der Kombination, die dann
zustande kommt, steht das indirekte
Objektpronomen immer vor dem
direkten Objektpronomen, wobei
das *-i* des indirekten Objektprono-
mens zu *-e* wird.

Die unbetonten Dativpronomen **gli,**
le und **Le** werden in der Kombination
mit einem direkten Objektpronomen
zu **glie** und verschmelzen mit diesem
zu einem einzigen Wort, z. B. **glielo.**

Zu einem einzigen Wort verschmel-
zen die anderen Kombinationen nur,
wenn sie an das Verb angehängt
werden.

61

Kombinationsmöglichkeiten

+	lo	la	li	le	ne
mi *(mir)*	me lo	me la	me li	me le	me ne
ti *(dir)*	te lo	te la	te li	te le	te ne
gli *(ihm)* **le** *(ihr)* **Le** *(Ihnen)*	glielo	gliela	glieli	gliele	gliene
ci *(uns)*	ce lo	ce la	ce li	ce le	ce ne
vi *(euch/ Ihnen)*	ve lo	ve la	ve li	ve le	ve ne
gli *(ihnen)*	glielo	gliela	glieli	gliele	gliene
si *(sich)*	se lo	se la	se li	se le	se ne
ci *(da/dort)*	ce lo	ce la	ce li	ce le	ce ne

Denken Sie daran, dass für die Doppelpronomen dieselben Regeln wie für die unbetonten Pronomen gelten. Achten Sie also auf:

– *ihre Stellung beim Verb.*

> *Sie stehen vor dem konjugierten Verb oder werden an den Infinitiv angehängt:*
> Che bello scialle!
> **Me lo** dai?   **Me lo** devi dare.   Devi dar**melo**.

> *Sie werden an den Imperativ angehängt, außer an den Imperativ der Höflich-keitsform:*
> Che buono questo dolce!
> Dam**mene** un pezzo!   **Me ne** dia un pezzo!

– *das Apostrophieren von* **lo** *und* **la** *vor* **h** *und oft auch vor Vokal:*
   ~ I vicini sanno già che mi sposo.
   ≈ Ah sì, e chi **gliel'h**a detto?

– *die Angleichung in Geschlecht und Zahl des mit* **avere** *verbundenen Partizip Perfekts in den zusammengesetzten Zeiten bei* **lo, la, li, le** *oder* **ne**, *wenn diese vor dem Partizip Perfekt stehen:*
   Che **bei fiori!** Chi **te li** ha portat**i**?
   Abbiamo conosciuto **la fidanzata di Marco. Ce** l'ha present**ata** ieri sera.

1. Lesen und ergänzen

*Lesen Sie den Dialog und ergänzen Sie ihn mit den passenden Subjektpronomen und betonten Objektpronomen sowie mit dem Pronominaladverb **ci**.*

~ Ragazzi, _____ quest'estate vado in Germania, _____ che cosa fate?

≈ Mah, _____ vado prima in montagna con i miei genitori, sto due

settimane con _____ e poi vado in Inghilterra. _____ vado con Sandro.

_____ siamo già stati l'anno scorso, e ci siamo divertiti moltissimo. Poi non so, forse andrò al mare.

~ E _____ Elena, vai a Savignano Mare come ogni anno?

△ Sì, ma non _____ sto tutta l'estate. Quest'anno _____ sarà anche mia

cugina Graziella e siccome _____ e _____ non andiamo molto d'accordo, preferisco non starci troppo a lungo.

2. Umformen und ergänzen

Die Sätze in der linken Spalte richten sich an eine Person, die man duzt. In der rechten Spalte richten sich dieselben Sätze an jemanden, den man siezt. Formen Sie die Sätze mit dem jeweils passenden Pronomen um.

TU	LEI
1. Ti piace la musica classica?	1. Signora Rota, _____ piace la musica classica?
2. Ti ringrazio per il bel regalo.	2. Signora, _____ ringrazio per il bel regalo.
3. Ti dovrei chiedere qualcosa, posso?	3. Signor Valli, _____ dovrei chiedere qualcosa, posso?
4. Cosa ti posso offrire?	4. Professore, cosa _____ posso offrire?
5. Ti vorrei invitare a cena.	5. Signorina, _____ vorrei invitare a cena.

3. Verbinden

Verbinden Sie die Sätze in der linken Spalte mit dem jeweils passenden Teil in der rechten Spalte. Die Pronomen in der rechten Spalte helfen Ihnen dabei.

1. Ottimo questo pesce!   a. Te l'ha regalata Mario?

2. Che buoni questi cioccolatini!   b. No, faccela vedere!

3. Abbiamo sentito che cambiate casa.   c. Ce n'è ancora un po'?

4. Sai che ho un nuovo computer?   d. Chi ve l'ha detto?

5. Avete visto la mia nuova bicicletta?   e. Me ne dai ancora uno?

6. Buongiorno, sono Carla Franchi, c'è il professor Carli?   f. Glielo passo subito.

7. Che bella borsetta!   g. Me li hai presi tu, forse?

8. Non trovo i miei occhiali.   h. Ah sì, e te lo sei comprato tu?

1. ☐   2. ☐   3. ☐   4. ☐   5. ☐   6. ☐   7. ☐   8. ☐

4. Entscheiden

Entscheiden Sie, welches der angegebenen Pronomen jeweils das passende ist und kreuzen Sie es an.

1. ~ Siete già stati a Los Angeles?

   ≈ Sì, ☐ ci / ☐ ne siamo stati due anni fa.

2. ~ Anche tu porti gli occhiali?

   ≈ Eh sì, per leggere ☐ gli / ☐ li devo mettere.

3. ~ Guardate spesso la televisione?

   ≈ ☐ Ne / ☐ La guardiamo spesso, sì.

4. ~ Che cosa hai portato a Gino?

   ≈ ☐ Gli / ☐ Le ho portato del vino.

5. ~ È ottima la tua carne!

   ≈ ☐ La / ☐ Ne vuoi ancora una fetta?

6. ~ Hai scritto alla nonna?

   ≈ Senti, ☐ la / ☐ le scriverò.

7. ~ Incontri le tue amiche, oggi?

   ≈ No, ☐ gli / ☐ le incontro domani.

8. ~ È molto elegante questo vestito.

   ≈ Sì, ☐ lo / ☐ ne metto spesso.

Das Präsens

~ Tu che cosa **fai** stasera? **Guardi** la partita di calcio?

~ *Was machst du heute Abend? Schaust du das Fußballspiel an?*

≈ No, **vado** a teatro; **ho** un biglietto per lo spettacolo di Dario Fo.

≈ *Nein, ich gehe ins Theater; ich habe eine Eintrittskarte für die Vorstellung von Dario Fo.*

Die italienischen Verben lassen sich auf Grund der Endung ihres Infinitivs in drei Konjugationen einteilen:

Infinitiv:
guard**are**
prend**ere**
dorm**ire**

1. Konjugation oder Verben auf -are,
2. Konjugation oder Verben auf -ere,
3. Konjugation oder Verben auf -ire.

Cinzia **lavora** molto; non **esce** quasi mai.

Man unterscheidet dabei zwischen regelmäßigen und unregelmäßigen Verben.

Infinitiv	(io)
lavorare	**lavor**o
prendere	**prend**o
dormire	**dorm**o
andare	**vad**o
uscire	**esc**o

*Beim Konjugieren bleibt der Verb-stamm, z. B. **lavor-, prend-, dorm-,** der regelmäßigen Verben unverän-dert.*

Bei den unregelmäßigen Verben hingegen verändert er sich.

Verben auf -are, -ere und -ire

Verben auf -are

		guard**are**
Einzahl	(io)	guard**o**
	(tu)	guard**i**
	(lui/lei/Lei)	guard**a**
Mehrzahl	(noi)	guard**iamo**
	(voi)	guard**ate**
	(loro)	guard**ano**

Das Präsens der regelmäßigen Verben auf -are bilden Sie, indem Sie die Endungen der einzelnen Personen -o, -i, -a, -iamo, -ate und -ano an den jeweiligen Verbstamm, z. B. guard-, anhängen.

Verben auf -ere

		prend**ere**
Einzahl	(io)	prend**o**
	(tu)	prend**i**
	(lui/lei/Lei)	prend**e**
Mehrzahl	(noi)	prend**iamo**
	(voi)	prend**ete**
	(loro)	prend**ono**

Bei den regelmäßigen Verben auf -ere lauten die Endungen der einzelnen Personen -o, -i, -e, -iamo, -ete und -ono. Sie werden an den jeweiligen Verbstamm, z. B. prend-, angehängt.

Verben auf -ire ohne Stammerweiterung

		dorm**ire**
Einzahl	(io)	dorm**o**
	(tu)	dorm**i**
	(lui/lei/Lei)	dorm**e**
Mehrzahl	(noi)	dorm**iamo**
	(voi)	dorm**ite**
	(loro)	dorm**ono**

Die regelmäßigen Verben auf -ire konjugieren Sie, indem Sie die Endungen der einzelnen Personen -o, -i, -e, -iamo, -ite und -ono an den entsprechenden Verbstamm, z. B. dorm-, anhängen.

Verben auf -ire mit Stammerweiterung

		capire
Einzahl	(io)	cap**isc**o
	(tu)	cap**isc**i
	(lui/lei/Lei)	cap**isc**e
Mehrzahl	(noi)	capiamo
	(voi)	capite
	(loro)	cap**isc**ono

Bei nahezu 500 Verben auf -ire werden die Endungen des Präsens an den erweiterten Verbstamm -isc-, z. B. **cap-** + **-isc-** → **capisc-** *angehängt.*
Nur die 1. und 2. Person Mehrzahl sind davon ausgenommen.
Welche Verben zu dieser Gruppe gehören, müssen Sie auswendig lernen. Merken Sie sich deshalb neben dem Infinitiv immer auch die 1. Person Einzahl.

Die wichtigsten Verben auf -ire mit Stammerweiterung

abolire	*(abschaffen)*	favorire	*(begünstigen)*	restituire	*(zurückgeben)*
abortire	*(abtreiben)*	ferire	*(verletzen)*	riferire	*(berichten)*
agire	*(handeln)*	finire	*(beenden)*	sostituire	*(ersetzen)*
capire	*(verstehen)*	fornire	*(liefern)*	smentire	*(widerrufen)*
chiarire	*(klarstellen)*	gestire	*(leiten, führen)*	sparire	*(verschwinden)*
colpire	*(treffen)*	guarire	*(heilen)*	spedire	*(schicken)*
contribuire	*(beitragen)*	impedire	*(hindern)*	subire	*(erleiden)*
costruire	*(bauen)*	preferire	*(vorziehen)*	suggerire	*(einflüstern)*
definire	*(definieren)*	proibire	*(verbieten)*	tossire	*(husten)*
digerire	*(verdauen)*	pulire	*(putzen)*	tradire	*(verraten)*
distribuire	*(verteilen)*	punire	*(bestrafen)*	ubbidire	*(gehorchen)*
fallire	*(scheitern)*	reagire	*(reagieren)*	unire	*(verbinden)*

Besonderheiten

Verben auf -care und -gare

	gio**c**are	pa**g**are
(io)	gioco	pago
(tu)	gio**ch**i	pa**gh**i
(lui/lei/Lei)	gioca	paga
(noi)	gio**ch**iamo	pa**gh**iamo
(voi)	giocate	pagate
(loro)	giocano	pagano

Damit die Aussprache von -c- bzw. von -g- durch alle Personen hindurch [k] bzw. [g] bleibt, haben die Verben auf -care bzw. -gare ein -h- vor der 2. Person Einzahl und vor der 1. Person Mehrzahl.

Verben auf -iare

	studiare
(io)	studio
(tu)	studi
(lui/lei/Lei)	studia
(noi)	studiamo
(voi)	studiate
(loro)	studiano

Die Verben auf -iare haben in der Regel in der 2. Person Einzahl und in der 1. Person Mehrzahl nur ein -i.

	sciare
(io)	scio
(tu)	scii
(lui/lei/Lei)	scia
(noi)	sciamo
(voi)	sciate
(loro)	sciano

Nur wenige Verben auf -iare haben wie sciare in der 2. Person Einzahl zwei -i.
Sie behalten das betonte -i- des Verbstammes bei.
Zu diesen Verben gehören:
avviare (in Gang setzen, beginnen), deviare (abweichen, ablenken), espiare (sühnen), inviare (schicken), rinviare (zurückschicken) und spiare (spionieren).

Verben auf -(s)cere und -gere

	conoscere	leggere
(io)	conosco [k]	leggo [g]
(tu)	conosci	leggi
(lui/lei/Lei)	conosce	legge
(noi)	conosciamo	leggiamo
(voi)	conoscete	leggete
(loro)	conoscono [k]	leggono [g]

Bei den Verben auf -(s)cere, z. B. conoscere oder vincere, und -gere, z. B. leggere, wird die Aussprache von -c- und g- durch den nachfolgenden Vokal bestimmt.
Sie ändert sich also bei der 1. Person Einzahl sowie bei der 3. Person Mehrzahl und lautet [k] bzw. [g].

~ Come **stai** oggi?
≈ Oggi **sto** meglio, grazie.

~ Io **vado** al cinema, tu cosa **fai?**
≈ Io **rimango** a casa, non **ho** voglia di uscire.

Es gibt eine ganze Reihe unregelmäßiger Verben. Viele davon gehören zum Grundwortschatz und lassen sich in Gruppen zusammenfassen.

Sehr häufig benutzte Verben

Es gibt einige Verben, die sehr oft gebraucht werden und unregelmäßig sind.

essere und avere

	essere	avere
(io)	sono	ho
(tu)	sei	hai
(lui/lei/Lei)	è	ha
(noi)	siamo	abbiamo
(voi)	siete	avete
(loro)	sono	hanno

*Essere ist durch alle Personen hindurch unregelmäßig.
Bei avere ist nur die Verbform avete regelmäßig.*

dovere, potere, volere und sapere

	dovere	potere	volere	sapere
(io)	devo	posso	voglio	so
(tu)	devi	puoi	vuoi	sai
(lui/lei/Lei)	deve	può	vuole	sa
(noi)	dobbiamo	possiamo	vogliamo	sappiamo
(voi)	dovete	potete	volete	sapete
(loro)	devono	possono	vogliono	sanno

Die 2. Person Mehrzahl ist bei allen vier Verben regelmäßig.

andare, dare, fare und stare

	andare	dare	fare	stare
(io)	vado	do	faccio	sto
(tu)	vai	dai	fai	stai
(lui/lei/Lei)	va	dà	fa	sta
(noi)	andiamo	diamo	facciamo	stiamo
(voi)	andate	date	fate	state
(loro)	vanno	danno	fanno	stanno

*Andare, dare, fare und **stare** sind die einzigen unregelmäßigen Verben auf -are.*

dire, uscire und venire

	dire	uscire	venire
(io)	dico	esco	vengo
(tu)	dici	esci	vieni
(lui/lei/Lei)	dice	esce	viene
(noi)	diciamo	usciamo	veniamo
(voi)	dite	uscite	venite
(loro)	dicono	escono	vengono

*Dire, uscire und **venire** gehören zu den wenigen Verben auf -ire, die unregelmäßig konjugiert werden.*

*Wie **dire, uscire** und **venire** werden eine ganze Reihe von Verben konjugiert, die mit diesen verwandt sind. Sie enthalten jeweils **dire, uscire** oder **venire**.*

dire → **contraddire, disdire** und **ridire**
uscire → **riuscire**
venire → **avvenire, convenire, intervenire, prevenire** und **svenire**

Verben auf -arre, -urre und -orre

	trarre
(io)	traggo
(tu)	trai
(lui/lei/Lei)	trae
(noi)	traiamo
(voi)	traete
(loro)	traggono

*Ebenso wie **trarre** werden **attrarre** (verlocken), **contrarre** (zusammenziehen), **distrarre** (ablenken), **protrarre** (hinausziehen) konjugiert.*

	produrre
(io)	produco
(tu)	produci
(lui/lei/Lei)	produce
(noi)	produciamo
(voi)	producete
(loro)	producono

Condurre *(führen),* **introdurre** *(einführen),* **sedurre** *(verführen) und* **tradurre** *(übersetzen) werden wie* **produrre** *behandelt.*

	porre
(io)	pongo
(tu)	poni
(lui/lei/Lei)	pone
(noi)	poniamo
(voi)	ponete
(loro)	pongono

Nach dem Muster von **porre** *werden* **esporre** *(ausstellen),* **imporre** *(aufzwingen),* **opporre** *(entgegensetzen) und* **proporre** *(vorschlagen) konjugiert.*

Verben auf -gliere

	scegliere
(io)	scelgo
(tu)	scegli
(lui/lei/Lei)	sceglie
(noi)	scegliamo
(voi)	scegliete
(loro)	scelgono

Verben auf **-gliere** *weisen zwei Unregelmäßigkeiten auf:*
In der 1. Person Einzahl und in der 3. Person Mehrzahl endet der Stamm auf **-lg-**.
In der 2. Person Einzahl und in der 1. Person Mehrzahl fällt das **-i-** *des Stammes weg.*
Zu dieser Gruppe gehören u. a.: **accogliere** *(empfangen),* **cogliere** *(pflücken, wahrnehmen),* **raccogliere** *(aufheben, sammeln),* **sciogliere** *(lösen, losmachen) und* **togliere** *(entfernen, ausziehen).*

71

Verben mit Verdoppelung von -c-

	piacere
(io)	pia**cc**io
(tu)	piaci
(lui/lei/Lei)	piace
(noi)	pia**cc**iamo
(voi)	piacete
(loro)	pia**cc**iono

Dieselbe Unregelmäßigkeit weisen auf:
***compiacere** (gefällig sein),*
***dispiacere** (Leid tun, missfallen)*
*und **tacere** (schweigen, verschweigen).*

Verben mit Unregelmäßigkeiten bei der 1. Person Einzahl und bei der 3. Person Mehrzahl

Verben auf -ere

	rimanere	**spegnere**	**valere**
(io)	rima**ng**o	spe**ng**o	va**lg**o
(tu)	rimani	spegni	vali
(lui/lei/Lei)	rimane	spegne	vale
(noi)	rimaniamo	spegniamo	valiamo
(voi)	rimanete	spegnete	valete
(loro)	rima**ng**ono	spe**ng**ono	va**lg**ono

Man konjugiert:
*– wie **rimanere**:*
 permanere
 (andauern),
*– wie **valere** u. a.:*
 equivalere** (entsprechen),* ***prevalere
 (überwiegen).

Verben auf -ire

	apparire	**salire**
(io)	app**ai**o	sa**lg**o
(tu)	appari	sali
(lui/lei/Lei)	appare	sale
(noi)	appariamo	saliamo
(voi)	apparite	salite
(loro)	app**ai**ono	sa**lg**ono

Man konjugiert:
*– wie **apparire**, z. B. **comparire** (erscheinen), **disparire** (verschwinden), **scomparire** (verschwinden), **trasparire** (durchscheinen, durchschimmern),*
*– wie **salire**: **assalire** (überfallen), **risalire** (wieder hinaufsteigen).*

Weitere unregelmäßige Verben

	bere	morire	sedere	tenere
(io)	bevo	muoio	siedo	tengo
(tu)	bevi	muori	siedi	tieni
(lui/lei/Lei)	beve	muore	siede	tiene
(noi)	beviamo	moriamo	sediamo	teniamo
(voi)	bevete	morite	sedete	tenete
(loro)	bevono	muoiono	siedono	tengono

*Wie **sedere** wird **possedere** (besitzen) konjugiert und wie **tenere** konjugiert man u. a.: **appartenere** (gehören), **contenere** (enthalten), **intrattenere** (unterhalten), **mantenere** (wahren, halten), **ottenere** (erlangen), **trattenere** (zurückhalten).*

Der Gebrauch des Präsens

Oggi **fa** molto caldo. Chi non **deve** uscire **rimane** chiuso in casa.

Wie im Deutschen verwendet man das Präsens bei Vorgängen und Zuständen, die im Moment des Sprechens aktuell sind.

---

*Bei Vorgängen, die gerade ablaufen, hat man im Italienischen die Möglichkeit, das Geschehen mit der Form **stare** + Gerundium zu bezeichnen:*

~ Che cosa fai?   ≈ **Sto leggendo.**

 *Weitere Angaben zu **stare** + Gerundium finden Sie im Kapitel über das Gerundium.*

Das Präsens wird auch gebraucht:

A mezzogiorno **non torno mai** a casa.

– *bei Gewohnheiten.*

L'Africa **è** un continente.

– *bei zeitunabhängigen Tatsachen.*

Domani devo alzarmi presto.
Fra due giorni iniziano le vacanze.
La settimana prossima è il compleanno di mio padre.

– *bei Geschehnissen, die in einer nahen Zukunft liegen, wenn die Zukunft durch eine Zeitangabe verdeutlicht wird.*

73

Das Passato prossimo

Ieri sera **siamo andati** prima al cinema, poi in pizzeria. Io **ho preso** una pizza ai funghi, Vasco invece **ha ordinato** una pizza Margherita.

Gestern Abend sind wir zuerst ins Kino gegangen, dann in die Pizzeria. Ich habe eine Pizza mit Pilzen genommen, Vasco hingegen hat eine Pizza „Margherita" bestellt.

Die Bildung des Passato prossimo

Ho telefonato a Marco. Mi **ha detto** che **ha passato** alcuni giorni in Francia. **È andato** anche a Parigi.

*Das **Passato prossimo** bilden Sie mit dem Präsens von **avere** oder **essere** und dem Partizip Perfekt des jeweiligen Hauptverbs.*

Das Passato prossimo mit avere

	lavorare	
(io)	**ho**	lavora**o**
(tu)	**hai**	lavora**o**
(lui/lei/Lei)	**ha**	lavora**o**
(noi)	**abbiamo**	lavora**o**
(voi)	**avete**	lavora**o**
(loro)	**hanno**	lavora**o**

*Wenn das **Passato prossimo** mit **avere** gebildet wird, bleibt das Partizip Perfekt unverändert. Es endet dann immer auf **-o**.*

*Das mit **avere** gebildete **Passato prossimo** verändert sich aber, wenn ein direktes Objekt in Form der direkten Objektpronomen **lo, la, li, le** oder **ne** vor dem Hilfsverb steht. Das Partizip Perfekt richtet sich dann in Geschlecht und Zahl nach dem direkten Objekt(pronomen):*

~ Hai incontrato <u>Gianni</u>, vero?

≈ Sì, l'ho incontrat**o** ieri.

~ Hai fatto <u>i compiti</u>?

≈ No, non **li** ho fatt**i**.

~ Avete fatto <u>delle foto</u>?

≈ Sì, **ne** abbiamo fatt**e** molte.

~ Avete mangiato <u>la pizza</u>?

≈ Sì, l'abbiamo mangiat**a**.

~ Hai visto <u>le tue amiche</u>?

≈ No, non **le** ho vist**e**.

74

Bei den direkten Objektpronomen *mi, ti, ci* und *vi* ist die Übereinstimmung fakultativ:

~ **Anna**, ma perché Gianni non **ti** ha salutat**o**/salutat**a**?
≈ Perché **mi** ha già vist**o**/vist**a** mezz'ora fa.

Das Passato prossimo mit essere

	arrivare	
(io)	**sono**	arrivat**o, -a**
(tu)	**sei**	arrivat**o, -a**
(lui/lei/Lei)	**è**	arrivat**o, -a**
(noi)	**siamo**	arrivat**i, -e**
(voi)	**siete**	arrivat**i, -e**
(loro)	**sono**	arrivat**i, -e**

*Wenn das **Passato prossimo** mit **essere** konjugiert wird, dann richtet sich das Partizip Perfekt in Geschlecht und Zahl nach dem Subjekt.*

Das Partizip Perfekt endet:

Il fax è arrivat**o**.
Rita è arrivat**a**.
I clienti sono arrivat**i**.
Le cartoline sono arrivat**e**.

*– auf **-o** in der männlichen Einzahl,*
*– auf **-a** in der weiblichen Einzahl,*
*– auf **-i** in der männlichen Mehrzahl,*
*– auf **-e** in der weiblichen Mehrzahl.*

Wie endet das Partizip, wenn das Subjekt aus mehreren Personen oder Sachen verschiedenen Geschlechts besteht?
*In einem solchen Fall endet das Partizip auf **-i**.*

Fabio è andat**o** a Parigi. **Rita** è andat**a** a Roma.
Gianni e Sandra sono andat**i** a Berlino.

Das regelmäßige Partizip Perfekt

Das regelmäßige Partizip Perfekt bilden Sie, indem Sie anstelle der jeweiligen Infinitivendung folgende Endungen verwenden:

Verben auf -are	andare	→	andato
Verben auf -ere	avere	→	avuto
Verben auf -ire	dormire	→	dormito
	capire	→	capito

-ato bei den Verben auf -are,

-uto bei den Verben auf -ere,

-ito bei den Verben auf -ire.

Aufgepasst! Die Verben auf -(s)cere, die ein regelmäßiges Partizip haben, bilden es auf -iuto, z. B.:

conoscere → conosciuto   crescere → cresciuto   piacere → piaciuto

Verben auf -arre	attrarre	→	attratto
Verben auf -urre	produrre	→	prodotto
Verben auf -orre	proporre	→	proposto

Die Verben auf -arre bilden das Partizip Perfekt auf -atto.
Bei den Verben auf -urre lautet die Endung des Partizip Perfekts -otto.
Bei den Verben auf -orre endet das Partizip Perfekt auf -osto.

Die wichtigsten unregelmäßigen Partizipien

accendere	→ **acceso**	concedere	→ **concesso**	fare	→ **fatto**
accorgersi	→ **accorto**	correre	→ **corso**	insistere	→ **insistito**
aprire	→ **aperto**	decidere	→ **deciso**	leggere	→ **letto**
apparire	→ **apparso**	dire	→ **detto**	mettere	→ **messo**
bere	→ **bevuto**	dirigere	→ **diretto**	morire	→ **morto**
chiedere	→ **chiesto**	discutere	→ **discusso**	muovere	→ **mosso**
chiudere	→ **chiuso**	escludere	→ **escluso**	nascere	→ **nato**
cogliere	→ **colto**	essere	→ **stato**	offrire	→ **offerto**

perdere	→ **perso**	scegliere	→ **scelto**	valere	→ **valso**
prendere	→ **preso**	scendere	→ **sceso**	vedere	→ **visto**
ridere	→ **riso**	scrivere	→ **scritto**	venire	→ **venuto**
rimanere	→ **rimasto**	spegnere	→ **spento**	vincere	→ **vinto**
risolvere	→ **risolto**	spendere	→ **speso**	vivere	→ **vissuto**
rispondere	→ **risposto**	succedere	→ **successo**		
rompere	→ **rotto**	togliere	→ **tolto**		

---

*Es ist wichtig zu wissen, dass Verben, die sich aus einer Vorsilbe, z. B. **ac-**, und einem Grundverb, z. B. **cogliere**, zu **accogliere** zusammensetzen, das Partizip Perfekt wie das Grundverb bilden, z. B. **cogliere** → **colto**, **accogliere** → **accolto**.*

Einige weitere Beispiele sind:

dire	→ **detto**	contraddire	→ **contraddetto**	disdire	→ **disdetto**
mettere	→ **messo**	promettere	→ **promesso**	trasmettere	→ **trasmesso**
venire	→ **venuto**	convenire	→ **convenuto**	intervenire	→ **intervenuto**

Wann bildet man das Passato prossimo mit avere und wann mit essere?

Ieri **ho invitato** alcuni amici a cena. **Sono venuti** verso le 8. **Abbiamo preso** un aperitivo e poi **siamo andati** a tavola.

*In den meisten Fällen entspricht der Gebrauch von **avere** und **essere** der Anwendung von „haben" und „sein" beim deutschen Perfekt.*

Wann bildet man das Passato prossimo mit essere?

Siamo stati in montagna.
Pia e Rosa **sono diventate** amiche.
La risposta di Carlo mi **è sembrata** strana.
I vicini **sono partiti** per gli Stati Uniti.
Siamo usciti senza ombrello.

*Entsprechend dem Deutschen bilden die Verben, die kein direktes Objekt haben, das **Passato prossimo** im Allgemeinen mit **essere**. Dazu gehören, z. B.: **essere, diventare, dormire, ridere, sembrare, rimanere** und die meisten Verben der Bewegung.*

*Anders als im Deutschen müssen Sie auch in folgenden Fällen das **Passato prossimo** mit **essere** bilden:*

Ci siamo divertiti moltissimo.

– bei reflexiven Verben,

È bastato lasciare un messaggio.

– bei unpersönlichen Verben.

Bei Verben, die atmosphärische Erscheinungen beschreiben, können Sie das *Passato prossimo* mit **essere** oder mit **avere** bilden, z. B.:

| È piovuto. | Ha piovuto. | Es hat geregnet. |
| È nevicato. | Ha nevicato. | Es hat geschneit. |

Sie nehmen aber **avere** bei den atmosphärischen Erscheinungen, die mit **fare** ausgedrückt werden, z. B.:

Ha fatto molto **caldo**.	Es ist sehr heiß gewesen.
Stanotte **ha fatto** molto **freddo**.	Heute Nacht ist es sehr kalt gewesen.
Ha fatto bel tempo.	Es ist schönes Wetter gewesen.

 Wenn Sie Genaueres über die unpersönlichen Verben erfahren wollen, dann schlagen Sie bitte das Kapitel „Unpersönliche Verben und Ausdrücke" auf.

I panini **sono bastati**.
Quant'è **costata** la cena di ieri?
Ci è **dispiaciuto** molto.
È **durato** a lungo lo spettacolo?
Il tuo consiglio non mi è **servito**.

– bei den Verben **bastare, costare, dispiacere, durare, esistere, mancare** (fehlen), **parere** (scheinen), **piacere, sembrare, servire** (nützen).

Siamo dovuti rimanere a casa.
(siamo rimasti)
Non **siamo potuti partire**.
(siamo partiti)
È **voluta venire** da sola.
(è venuta)

– bei **dovere, potere** und **volere**, wenn ihnen ein Verb im Infinitiv folgt, welches das *Passato prossimo* mit **essere** bildet.

Ho voluto invitare i colleghi.
(ho invitato)

Ansonsten bilden Sie das *Passato prossimo* mit **avere**.

Wann bildet man das Passato prossimo mit avere?

Abbiamo noleggiato una macchina.
Abbiamo visitato Ferrara e Mantova.

Entsprechend dem Deutschen bilden alle Verben, die ein direktes Objekt haben, das *Passato prossimo* mit **avere**.

Abbiamo camminato per due ore almeno.
Ho nuotato nel lago.
Dopo cena **ho passeggiato** lungo il fiume.
Ho sciato tutto il pomeriggio.
Mio nonno **ha viaggiato** molto.

Im Gegensatz zum Deutschen wird das *Passato prossimo* bei **camminare, marciare, nuotare, passeggiare, sciare** und **viaggiare** mit **avere** gebildet.
Es handelt sich meist um Verben der Bewegungsart.

78

*Bei den Verben **correre** und **volare** bildet man das **Passato prossimo** mit **avere**, wenn weder Ausgangspunkt noch Ziel der Bewegung angegeben sind:*

Ho corso sotto la pioggia. Non **ho** ancora mai **volato**.

*Ansonsten benutzt man wie im Deutschen das Hilfsverb **essere**:*

Sono corsa a casa al più presto. **Siamo volati** ad Amburgo.

Ho cambiato dei soldi.	*wechseln*
Carla **è cambiata**.	*sich verändern*
Abbiamo cominciato una nuova lezione.	*beginnen (mit)*
Il film **è** già **cominciato**.	*beginnen, anfangen*
Ho finito la traduzione.	*beenden*
È finito lo spettacolo?	*fertig sein, zu Ende sein*

*Einige Verben bilden das **Passato prossimo** mit **avere**, wenn ihnen ein direktes Objekt folgt, ansonsten bilden sie es mit **essere**. Die Bedeutung des Verbs kann sich dabei ändern.*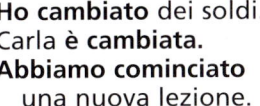

Der Gebrauch des Passato prossimo

*Das **Passato prossimo** ist eine Zeit der Vergangenheit. Sie wird verwendet:*

Sabato scorso **siamo andati** a giocare a golf.

– *für einmalige Handlungen und Ereignisse in der Vergangenheit.*

Dopo il lavoro **ho fatto** prima la spesa, poi **sono andata** a prendere la bambina e l'**ho portata** dal parrucchiere.

– *für mehrere aufeinander folgende und jeweils abgeschlossene Handlungen und Ereignisse in der Vergangenheit.*

Ho fatto la patente tanti anni fa.
Mio padre **è andato** in pensione nel 1978.
Ho conosciuto mia moglie nell'estate del 1969.

– *für Handlungen und Ereignisse, deren Bedeutung in der Gegenwart anhält bzw. Auswirkungen auf die Gegenwart hat.*

*Neben dem **Passato prossimo** hat das Italienische eine weitere wichtige Vergangenheitszeit, das **Imperfetto**. Einiges Vergangene kann erst mit Hilfe des **Passato prossimo** und des **Imperfetto** korrekt erzählt werden.*

 *Mehr über den Gebrauch des **Passato prossimo** und des **Imperfetto** erfahren Sie im Kapitel „Das **Imperfetto**" sowie im Kapitel „**Passato prossimo** oder **Imperfetto**?"*

Das Imperfetto

Quando **abitavamo** a Torino **stavamo** in un appartamento lungo il Po. **Era** un bell'appartamento con un lungo corridoio dove mi **piaceva** giocare.

Als wir in Turin lebten, wohnten wir in einer Wohnung am Po. Es war eine schöne Wohnung mit einer langen Diele, in der ich gerne spielte.

Die Bildung des Imperfetto

Die regelmäßigen Verben

*Die meisten Verben sind im **Imperfetto** regelmäßig. Sie sind leicht zu lernen.*

Verben auf -are

	abit**are**
(io)	abit**avo**
(tu)	abit**avi**
(lui/lei/Lei)	abit**ava**
(noi)	abit**avamo**
(voi)	abit**avate**
(loro)	abit**avano**

*Das **Imperfetto** der Verben auf -are bilden Sie, indem Sie die **Imperfetto**-Endungen der einzelnen Personen -avo, -avi, -ava, -avamo, -avate und -avano an den Verbstamm anhängen.*

Verben auf -ere

	av**ere**
(io)	av**evo**
(tu)	av**evi**
(lui/lei/Lei)	av**eva**
(noi)	av**evamo**
(voi)	av**evate**
(loro)	av**evano**

*Bei den Verben auf -ere lauten die **Imperfetto**-Endungen für die einzelnen Personen -evo, -evi, -eva, -evamo, -evate und -evano. Auch sie werden an den Verbstamm angehängt.*

Verben auf -ire

	dormire
(io)	dorm**ivo**
(tu)	dorm**ivi**
(lui/lei/Lei)	dorm**iva**
(noi)	dorm**ivamo**
(voi)	dorm**ivate**
(loro)	dorm**ivano**

*Auch bei den Verben auf -**ire** hängen Sie die **Imperfetto**-Endungen -**ivo**, -**ivi**, -**iva**, -**ivamo**, -**ivate** und -**ivano** an den Verbstamm an.*

Die unregelmäßigen Verben

essere

(io)	ero	(noi)	eravamo
(tu)	eri	(voi)	eravate
(lui/lei/Lei)	era	(loro)	erano

*Das Verb **essere** ist innerhalb der unregelmäßigen Verben ein Einzelfall, da es völlig unregelmäßig ist.*

dire, fare, bere

	dire	fare	bere
(io)	dic**evo**	fac**evo**	bev**evo**
(tu)	dic**evi**	fac**evi**	bev**evi**
(lui/lei/Lei)	dic**eva**	fac**eva**	bev**eva**
(noi)	dic**evamo**	fac**evamo**	bev**evamo**
(voi)	dic**evate**	fac**evate**	bev**evate**
(loro)	dic**evano**	fac**evano**	bev**evano**

*Die restlichen Verben mit unregelmäßigem **Imperfetto** lassen sich leicht erlernen: Sie nehmen die Imperfektendungen der Verben auf -**ere**, also -**evo**, -**evi**, -**eva**, -**evamo**, -**evate** und -**evano**, und hängen sie an den erweiterten Verbstamm an.*

Verben auf -arre, -orre, -urre

	trarre	porre	produrre
(io)	traevo	ponevo	producevo
(tu)	traevi	ponevi	producevi
(lui/lei/Lei)	traeva	poneva	produceva
(noi)	traevamo	ponevamo	producevamo
(voi)	traevate	ponevate	producevate
(loro)	traevano	ponevano	producevano

Bei den Verben auf -arre hängen Sie die Endungen des Imperfetto direkt an das -a- des Verbstamms an.

Der Gebrauch des Imperfetto

Mit dem Imperfetto beschreiben Sie:

Quando ancora non **esisteva** il telefonino, raggiungere una persona **poteva** essere difficile, e chi non **era** a casa, se **voleva** telefonare, **doveva** cercare un bar o una cabina telefonica.
Una volta **c'erano** meno divorzi.

– *frühere Zustände und Situationen.*

Ezio **era** un bell'uomo. **Era** alto e snello e **aveva** dei bellissimi capelli neri. **Era** anche molto gentile e simpatico.

– *Personen und Sachen, wie sie einmal waren.*

Quando **andavo** a scuola **mi alzavo** sempre tardi, **mi lavavo** e **mi vestivo** in fretta e **correvo** a scuola.

– *ehemalige Gewohnheiten und regelmäßig sich wiederholende Handlungen in der Vergangenheit.*

Ieri sera, mentre io **studiavo,** gli altri **guardavano** la televisione.

– *zwei gleichzeitig verlaufende Handlungen in der Vergangenheit.*

Mit dem Imperfetto können Sie auch:

Scusi, **volevo** solo un'informazione.

– *Anliegen vorbringen.*

~ Andiamo al cinema, stasera?
≈ Mah, **pensavo** di rimanere a casa.

– *Einwände höflich ausdrücken.*

Passato prossimo oder Imperfetto?

Erano le tre di notte, **dormivamo** tutti tranquillamente, quando un tuono fortissimo **ci ha svegliati.**

Es war drei Uhr nachts, wir schliefen alle friedlich, als ein sehr lauter Donnerschlag uns weckte.

Imperfetto und Passato prossimo sind in ihrem Gebrauch verschieden:

Erano le tre di notte, **dormivamo** tutti tranquillamente,

– *Das Imperfetto antwortet auf die Frage: „Was war als etwas geschah?". Es gibt die Begleitumstände eines Ereignisses in der Vergangenheit wieder.*

quando un tuono fortissimo **ci ha svegliati.**

– *Das Passato prossimo hingegen erzählt das Ereignis selbst. Es gibt Antwort auf die Frage: „Was geschah?". Es ist die Haupterzählzeit der Vergangenheit.*

Es gibt Fälle, in denen sowohl das Imperfetto als auch das Passato prossimo verwendet werden können. Allerdings haben sie dann jeweils eine andere Bedeutung:

Quando mi **vedeva** mi **salutava.**

– *Das Imperfetto drückt aus, dass das Geschehen gewohnheitsmäßig war: quando = „jedesmal wenn".*

Quando mi **ha visto** mi **ha salutato.**

Das Passato prossimo hingegen sagt aus, dass es sich um zwei einmalige, Handlungen handelte: quando = „als".

Das Imperfetto gibt einen Zustand in der Vergangenheit an:

Ieri **avevo** mal di testa.

Nel 1998 **abitavo** a Forlì.

Die Kopfschmerzen dauerten vielleicht den ganzen Tag.
Ich wohnte das ganze Jahr über und vielleicht auch die Jahre davor und danach in Forlì.

Ieri **ho avuto** mal di testa.

Nel 1998 **ho abitato** a Forlì.

*Das **Passato prossimo** grenzt das vergangene Geschehen ab:*

Die Kopfschmerzen kamen und verschwanden.
Ich wohnte nur einen Teil des Jahres oder das ganze Jahr in Forlì, aber nicht davor und nicht danach.

---

*Sobald Anfang und/oder Ende des Geschehens durch eine Zeitangabe genau abgegrenzt sind, z. B. **tutto il giorno, da ... a ...., per ... ore,** muss das **Passato prossimo** stehen:*

Ieri **ho avuto** mal di testa **tutto il giorno.**
Ho camminato per tre ore.

Dal 1992 **al** 1999 **ho abitato** a Forlì.

---

*Nach **mentre** (= „während") folgt das **Imperfetto**. Bei den weiteren Handlungen kann sowohl das **Imperfetto** als auch das **Passato prossimo** stehen. Dabei kommt es zu Bedeutungsunterschieden hinsichtlich der Zeitdauer der Handlungen:*

Mentre tu **dormivi,** Giulio **telefonava.**
Mentre la madre **preparava** la cena, il padre **leggeva** e i bambini **giocavano.**
Mentre **aspettava** il ritorno di Luca, Anna **fumava** una sigaretta dopo l'altra.

– *Wenn die weitere(n) Handlung(en) im **Imperfetto** steht/stehen, dann verlief(en) sie alle gleichzeitig. Die Dauer der verschiedenen Handlungen ist dabei unbestimmt.*

Mentre tu **dormivi,** Giulio **ha telefonato.**
Mentre **aspettava** il ritorno di Luca, Anna **ha acceso** una sigaretta.

– *Wenn die weitere(n) Handlung(en) im **Passato prossimo** steht/stehen, dann ging(en) diese zu Ende, bevor die erste Handlung aufhörte.*

---

*Einige Verben und Ausdrücke haben im Deutschen eine andere Bedeutung, je nachdem, ob sie im **Imperfetto** oder im **Passato prossimo** stehen.*

sapere:	Non **sapevo** niente.	*Ich wusste nichts.*
	Ho saputo che ti sei sposato.	*Ich habe erfahren, dass du geheiratet hast.*
conoscere:	Non **conoscevo** nessuno.	*Ich kannte niemanden.*
	Ho conosciuto tanta gente.	*Ich habe viele Leute kennen gelernt.*
aver paura:	**Avevo paura.**	*Ich hatte Angst.*
	Quando l'ho visto **ho avuto paura.**	*Als ich ihn sah, bekam ich Angst.*

Manzoni **nacque** a Milano nel 1785. Nel 1805 **si trasferì** a Parigi, dove **rimase** fino al 1810. **Morì** nel 1873.

Manzoni wurde 1785 in Mailand geboren. 1805 zog er nach Paris, wo er bis 1810 blieb. Er starb 1873.

Die Bildung des Passato remoto

Die regelmäßigen Verben

Verben auf -are

	and**are**
(io)	and**ai**
(tu)	and**asti**
(lui/lei/Lei)	and**ò**
(noi)	and**ammo**
(voi)	and**aste**
(loro)	and**arono**

*Die meisten Verben auf **-are** haben ein regelmäßiges **Passato remoto**. Sie bilden es, indem Sie die Endungen der einzelnen Personen **-ai, -asti, -ò, -ammo, -aste** und **-arono** an den Verbstamm anhängen.*

Verben auf -ere

	cred**ere**
(io)	cred**ei/etti**
(tu)	cred**esti**
(lui/lei/Lei)	cred**é/ette**
(noi)	cred**emmo**
(voi)	cred**este**
(loro)	cred**erono/ettero**

*Es gibt nur wenige Verben auf **-ere** mit regelmäßigem **Passato remoto**. Bei der regelmäßigen Bildung hängt man die Endungen der einzelnen Personen **-ei, -esti, -é, -emmo, -este** und **-erono** an den Verbstamm an. Die 1. und 3. Person Einzahl sowie die 3. Person Mehrzahl haben neben der Kurzform eine Langform: **-etti, -ette** und **-ettero**.*

Verben auf -ire

	finire
(io)	finii
(tu)	finisti
(lui/lei/Lei)	finì
(noi)	finimmo
(voi)	finiste
(loro)	finirono

*Die meisten Verben auf **-ire** haben ein regelmäßiges **Passato remoto**. Die Endungen der einzelnen Personen **-ii, -isti, -ì, -immo, -iste** und **-irono** werden an den Verbstamm angehängt.*

Die unregelmäßigen Verben

Verben mit drei unregelmäßigen Formen

	avere	venire
(io)	ebbi	venni
(tu)	avesti	venisti
(lui/lei/Lei)	ebbe	venne
(noi)	avemmo	venimmo
(voi)	aveste	veniste
(loro)	ebbero	vennero

*Für fast alle Verben mit unregelmäßigem **Passato remoto** gilt Folgendes: Unregelmäßig sind nur die 1. und 3. Person Einzahl sowie die 3. Person Mehrzahl. Bei diesen Personen ist jeweils nur der Stamm, z. B. **ebb-** oder **venn-**, unregelmäßig. Die 1. Person Einzahl endet dann immer auf **-i**, die 3. Person Einzahl auf **-e** und die 3. Person Mehrzahl auf **-ero**.*

Bei den Verben mit drei unregelmäßigen Formen genügt es, wenn Sie sich die 3. Person Einzahl merken. Die anderen unregelmäßigen Formen können Sie dann davon ableiten. Zum Beispiel:

Infinitiv	3. Person Einzahl lui/lei/Lei	→	1. Person Einzahl io	→	3. Person Mehrzahl loro
accendere	accese	→	accesi	→	accesero

Die wichtigsten Verben mit drei unregelmäßigen Formen

Infinitiv	lui/lei/Lei	Infinitiv	lui/lei/Lei	Infinitiv	lui/lei/Lei
accendere	**accese**	escludere	**escluse**	sapere	**seppe**
accorgersi	**si accorse**	leggere	**lesse**	scegliere	**scelse**
bere	**bevve**	mettere	**mise**	scendere	**scese**
cadere	**cadde**	muovere	**mosse**	scrivere	**scrisse**
chiedere	**chiese**	nascere	**nacque**	spegnere	**spense**
chiudere	**chiuse**	perdere	**perse**	spendere	**spese**
cogliere	**colse**	piacere	**piacque**	succedere	**successe**
concedere	**concesse**	piovere	**piovve**	tacere	**tacque**
conoscere	**conobbe**	prendere	**prese**	tenere	**tenne**
correre	**corse**	ridere	**rise**	togliere	**tolse**
crescere	**crebbe**	rimanere	**rimase**	vedere	**vide**
decidere	**decise**	risolvere	**risolse**	vincere	**vinse**
dirigere	**diresse**	rispondere	**rispose**	vivere	**visse**
discutere	**discusse**	rompere	**ruppe**	volere	**volle**

Verben mit ganz unregelmäßigem Passato remoto

	dare	fare	stare
(io)	diedi/detti	feci	stetti
(tu)	desti	facesti	stesti
(lui/lei/Lei)	diede/dette	fece	stette
(noi)	demmo	facemmo	stemmo
(voi)	deste	faceste	steste
(loro)	diedero/dettero	fecero	stettero

*Zu den Verben mit ganz unregelmäßigem **Passato remoto** gehören die sehr häufig verwendeten Verben **dare, stare, fare, essere** und **dire**.*

	essere	dire
(io)	fui	dissi
(tu)	fosti	dicesti
(lui/lei/Lei)	fu	disse
(noi)	fummo	dicemmo
(voi)	foste	diceste
(loro)	furono	dissero

	trarre	porre	produrre
(io)	trassi	posi	produssi
(tu)	traesti	ponesti	producesti
(lui/lei/Lei)	trasse	pose	produsse
(noi)	traemmo	ponemmo	producemmo
(voi)	traeste	poneste	produceste
(loro)	trassero	posero	produssero

*Ganz unregelmä-ßig sind außerdem **trarre, porre** und **produrre**. Die Verben dienen als Muster für die weiteren Verben auf -arre, -orre und -urre.*

*Auch für das **Passato remoto** gilt: Verwandte Verben werden gleich konjugiert, so bildet z. B. **rifare** das **Passato remoto** wie **fare, mantenere** bildet es wie **tenere** und **accogliere** wie **cogliere**.*

Der Gebrauch des Passato remoto

*Das **Passato remoto** ist eine Zeit der Vergangenheit, die für literarische Texte, geschichtliche Darstellungen und Biographien sehr wichtig ist.*

*Das **Passato remoto** schildert:*

Alessandro Manzoni **si sposò** nel 1808.

– *einen einmaligen abgeschlossenen Vorgang in der Vergangenheit.*

Giacomo Puccini **nacque** a Lucca nel 1858. Nel 1880 **si trasferì** a Milano dove **frequentò** il conservatorio. Il primo successo di Puccini **fu** „Manon Lescaut" (1893). **Seguirono** poi le opere „La Bohème", „Tosca" e „Madame Butterfly".

– *mehrere aufeinander folgende und jeweils abgeschlossene Vorgänge in der Vergangenheit.*

Im Zusammenspiel mit dem **Imperfetto** hat das **Passato remoto** dieselben Funktionen wie das **Passato prossimo:**

Toni **faceva** il panettiere in una panetteria vicino a Milano. Nella stessa panetteria **lavorava** anche una bella ragazza. Toni **era** innamorato di lei e, per conquistarla, ogni giorno **sperimentava** nuove ricette che poi **dava** alla ragazza.
Un giorno **mise** del burro nella solita pagnotta che **diventò** più morbida e gustosa.

- Das **Imperfetto** beschreibt z. B. Situationen, Zustände und Begleitumstände eines Geschehens sowie Gewohnheiten in der Vergangenheit.
- Das **Passato remoto** erzählt die einzelnen Ereignisse, die das Geschehen selbst ausmachten. Es dient als Erzählzeit der Vergangenheit.

Allerdings kann das **Passato remoto** auch mit dem **Passato prossimo** in Zeitungsartikeln oder in der gesprochenen Sprache vorkommen:

Quando il film ,,Ladri di biciclette'' **uscì** nel 1948, non **piacque** al pubblico e **restò** pochissimo nelle sale di prima visione.

- Handlungen und Vorgänge, die weit in der Vergangenheit zurückliegen und keinen Bezug mehr zur Gegenwart haben, werden mit dem **Passato remoto** wiedergegeben.

Nel frattempo ,,Ladri di biciclette'' **è diventato** uno dei film più importanti nella storia del cinema italiano.

- Ist bei einem Ereignis in der Vergangenheit der Bezug zur Gegenwart vorhanden oder hat es für die Gegenwart eine Bedeutung, so benutzt man das **Passato prossimo.**

Das **Passato remoto** wird vorwiegend in der geschriebenen Sprache verwendet. In der gesprochenen Sprache ist es hauptsächlich in Süd- und Mittelitalien zu hören. Vor allem in Norditalien wird anstelle des **Passato remoto** das **Passato prossimo** gebraucht. Für Sie ist es deshalb vor allem wichtig, die Formen des **Passato remoto** zu erkennen.

Das Trapassato prossimo

~ Hai potuto parlare con Elio?
≈ No, quando sono arrivato, lui **era** già **partito**.

~ Konntest du mit Elio sprechen?
≈ Nein, als ich ankam, war er schon weggegangen.

Die Bildung des Trapassato prossimo

Avevo la tosse perché **ero uscito** senza giacca e **avevo preso** freddo.

Das **Trapassato prossimo** bilden Sie mit dem **Imperfetto** von **essere** oder **avere** und dem Partizip Perfekt des jeweiligen Hauptverbs.

	prendere	
(io)	avevo	preso
(tu)	avevi	preso
(lui/lei/Lei)	aveva	preso
(noi)	avevamo	preso
(voi)	avevate	preso
(loro)	avevano	preso

Wenn das **Trapassato prossimo** mit **avere** gebildet wird, bleibt das Partizip Perfekt unverändert. Es endet dann immer auf **-o**.

	uscire	
(io)	ero	uscito, -a
(tu)	eri	uscito, -a
(lui/lei/Lei)	era	uscito, -a
(noi)	eravamo	usciti, -e
(voi)	eravate	usciti, -e
(loro)	erano	usciti, -e

Wenn hingegen das **Trapassato prossimo** mit **essere** konjugiert wird, dann richtet sich das Partizip Perfekt in Geschlecht und Zahl nach dem Subjekt.

Das Partizip Perfekt endet:

Elio era uscit**o**.
Laura era uscit**a**.
I figli erano uscit**i**.
Laura e sua sorella erano uscit**e**.

*– auf **-o** in der männlichen Einzahl,*
*– auf **-a** in der weiblichen Einzahl,*
*– auf **-i** in der männlichen Mehrzahl,*
*– auf **-e** in der weiblichen Mehrzahl.*

---

*Wenn Sie die Bildung des **Passato prossimo** beherrschen, dann wissen Sie nun auch schon, wann das **Trapassato prossimo** mit **avere** und wann mit **essere** gebildet wird. Die Regeln sind nämlich dieselben.*

 *Entnehmen Sie weitere Informationen dem Kapitel „Das **Passato prossimo".***

Der Gebrauch des Trapassato prossimo

Avevo dimenticato di chiudere il finestrino e quando sono tornato, la macchina era vuota.

Eravamo stanchi morti perché **avevamo camminato** tutto il giorno.

Ti ricordi quel ragazzo americano che ti **avevo presentato** tempo fa?

*Mit dem **Trapassato prossimo** drücken Sie – wie mit dem deutschen Plusquamperfekt – aus, dass ein Geschehen in der Vergangenheit vor einem anderen Ereignis oder Zustand in der Vergangenheit stattgefunden hat.*

*Das **Trapassato prossimo** kann auch in Verbindung mit dem Präsens benutzt werden. Man drückt dann damit aus, dass das Geschehen weit zurückliegt.*

1. Erkennen und Zuordnen

Welche Präsensformen kommen in den Sätzen vor? Ordnen Sie sie dem passenden Personalpronomen zu.

1. Che cosa cercate?
2. Tutti dicono che Elio è un bravo ragazzo.
3. Perché non leggi mai il giornale?
4. A tavola bevo volentieri un po' di vino.
5. Mi tieni un momento la borsetta, per favore?
6. Chi vuole ancora una fetta di dolce?
7. A che ora parte il treno?
8. La sera non mangiamo mai prima delle otto.

io	tu	lui/lei/Lei	noi	voi	loro
_____	_____	_____	_____	_____	_____
	_____	_____			
		_____			

2. Einsetzen

*a.) Setzen Sie die jeweils passende Verbform ein. Verwenden Sie dabei das **Passato prossimo** oder das **Imperfetto**.*

1. Io a scuola non *(essere)* _____ brava. 2. Studiare proprio non mi

(piacere) _____ . 3. La materia che *(detestare)* _____ di

più *(essere)* _____ matematica. 4. In 2ª liceo *(arrivare)* _____

_____ un nuovo professore di matematica, il professor Malvasi.

5. *(Essere)* _____ abbastanza severo, ma a me *(piacere)* _____

_____ molto e così *(cominciare)* _____ a studiare e in

poco tempo, in matematica, *(diventare)* _____ una delle migliori.

b.) *Setzen Sie die jeweils passende Verbform ein. Verwenden Sie dabei das **Passato prossimo**, das **Imperfetto** oder das **Trapassato prossimo**.*

1. La settimana scorsa *(essere)* _____ terribile per Claudia. 2. Lunedì mattina *(perdere)* _____ il portafoglio con tutti i documenti. 3. Probabilmente *(succedere)* _____ mentre *(correre)* _____ per prendere la metropolitana. 4. Martedì *(arrivare)* _____ in ufficio in ritardo, perché non *(sentire)* _____ la sveglia. 5. Giovedì sera *(andare)* _____ in palestra e lì, mentre *(fare)* _____ la doccia, qualcuno le *(rubare)* _____ la sua giacca di pelle. 6. Venerdì, mentre *(andare)* _____ da un cliente che abita fuori città, *(rimanere)* _____ ferma in piena campagna, perché *(dimenticare)* _____ di fare benzina.

3. Vervollständigen

Vervollständigen Sie das jeweilige Partizip Perfekt mit der jeweils passenden Endung -o, -a, -i oder -e.

1. ~ Hai già comprat____ i regali di Natale?

   ≈ Certo, li ho già comprat____ da tempo.

2. ~ Bravo, hai fatt____ un' ottima traduzione!

   ≈ L'ho fatt____ bene veramente?

   ~ Come no, ho trovat____ solo due o tre errori.

3. ~ Che buone queste paste! Da chi le hai pres____?

   ≈ Le ho comprat____ da Rossi.

Gemelli: I primi giorni di maggio non **saranno** facili, ma verso la metà del mese tutto **cambierà** e **troverete** una soluzione ai vostri problemi.

Zwillinge: Die ersten Maitage werden nicht einfach sein, aber gegen Mitte des Monats wird sich alles ändern und Sie werden für Ihre Probleme eine Lösung finden.

Die Bildung des Futur I

Das Futur I ist leicht zu lernen, da die Endungen der einzelnen Personen für alle Verben -ò, -ai, -à, -emo, -ete und -anno lauten.

Die Verben mit regelmäßigem Futur I

Verben auf -are, -ere und -ire

	trovare	mettere	capire
(io)	troverò	metterò	capirò
(tu)	troverai	metterai	capirai
(lui/lei/Lei)	troverà	metterà	capirà
(noi)	troveremo	metteremo	capiremo
(voi)	troverete	metterete	capirete
(loro)	troveranno	metteranno	capiranno

Bei den Verben mit regelmäßigem Futur hängen Sie die Futurendungen anstelle der Infinitivendung -e an. Bei den Verben auf -are wird das -a- der Endung -are zu -e-.

Anders als die restlichen Verben auf -are, behalten dare, fare und stare das -a- bei:

dare → darò   fare → farò   stare → starò

94

Verben auf -care und -gare

	cercare	pagare
(io)	cercherò	pagherò
(tu)	cercherai	pagherai
(lui/lei/Lei)	cercherà	pagherà
(noi)	cercheremo	pagheremo
(voi)	cercherete	pagherete
(loro)	cercheranno	pagheranno

Um die Aussprache von -c- und -g- des Infinitivs bei allen Personen beizubehalten, wird bei Verben auf -care und -gare ein -h- eingefügt.

Verben auf -sciare, -ciare und -giare

	lasciare	baciare	mangiare
(io)	lascerò	bacerò	mangerò
(tu)	lascerai	bacerai	mangerai
(lui/lei/Lei)	lascerà	bacerà	mangerà
(noi)	lasceremo	baceremo	mangeremo
(voi)	lascerete	bacerete	mangerete
(loro)	lasceranno	baceranno	mangeranno

Wie Sie sehen, entfällt bei den Verben auf -sciare, -ciare und -giare das -i- des Verbstammes. Sciare (Ski laufen) behält aber das -i- bei, z. B. scierò, scierai.

Die Verben mit unregelmäßigem Futur I

essere

(io)	sarò	(noi)	saremo
(tu)	sarai	(voi)	sarete
(lui/lei/Lei)	sarà	(loro)	saranno

Bei essere hängen Sie die bekannten Futurendungen an den unregelmäßigen Stamm sar- an.

Verben mit verkürztem Verbstamm

Infinitiv		Verkürzter Verbstamm	Endungen
andare	→	andr	
avere	→	avr	
bere	→	berr	
cadere	→	cadr	
dovere	→	dovr	-ò
godere	→	godr	
potere	→	potr	-ai
rimanere	→	rimarr	-à
sapere	→	sapr	-emo
tenere	→	terr	-ete
valere	→	varr	
vedere	→	vedr	-anno
venire	→	verr	
vivere	→	vivr	
volere	→	vorr	

Eine Reihe von Verben – es handelt sich meist um häufig verwendete Verben auf -ere – haben einen verkürzten Stamm.
Die Futurendungen, die immer dieselben bleiben, werden an diesen verkürzten Stamm angehängt.
So heißt z. B. das Futur von andare: andrò, andrai, andrà, andremo, andrete, andranno.

Verben, die ein anderes Verb enthalten, werden wie dieses konjugiert. So bilden z. B. mantenere, contenere und ottenere das Futur I wie tenere, während accadere es nach dem Muster von cadere bildet, convenire und avvenire wie venire.

Der Gebrauch des Futur I

Domani **pioverà.**
Fra due anni **andrò** in pensione.
Un giorno mi **sposerò.**

Mit dem Futur I spricht man über Vorgänge und Zustände, die in der Zukunft liegen.

Wie im Deutschen wird in der Umgangssprache für Vorgänge und Zustände, die in einer nahen Zukunft liegen, anstelle des Futur I oft das Präsens vorgezogen:

Domani rimango a casa tutto il giorno.

Morgen bleibe ich den ganzen Tag zu Hause.

Mit dem Futur I kann man außerdem
Folgendes zum Ausdruck bringen:

~ Che ora è?
≈ **Saranno** le quattro.

 – Vermutungen,

Avrai fame, penso.
Sarà vero quello che dice Pia?

 – Unsicherheit und Zweifel,

Non **partirete** senza il nostro permesso.

 – Verbote und Befehle,

Ammetterai che ho ragione.

 – abgeschwächte Aussagen.

Wenn eine Handlung unmittelbar bevorsteht, können Sie das mit der Wendung
***stare per** + Infinitiv ausdrücken. **Stare** steht dann im Präsens:*

Il treno **sta** per partire.   *Der Zug ist im Begriff wegzufahren.*
Stanno per arrivare gli ospiti.   *Die Gäste werden gleich ankommen.*

Das Futur II

Appena **avrò fatto** la maturità, partirò per gli Stati Uniti.

Sobald ich das Abitur gemacht haben werde, werde ich in die USA fliegen.

~ Ho telefonato più volte a Elio, ma non risponde mai.
≈ **Sarà uscito.**

~ Ich habe mehrmals Elio angerufen, aber er meldet sich nie.
≈ Er wird wohl ausgegangen sein.

Die Bildung des Futur II

Ti manderò una e-mail appena **sarò arrivato.**
Quando **avrà smesso** di piovere, faremo una passeggiata.

*Das Futur II wird mit dem Futur I von **essere** oder **avere** und dem Partizip Perfekt des jeweiligen Hauptverbs gebildet.*

	fare	
(io)	**avrò**	fatto
(tu)	**avrai**	fatto
(lui/lei/Lei)	**avrà**	fatto
(noi)	**avremo**	fatto
(voi)	**avrete**	fatto
(loro)	**avranno**	fatto

*Wenn das Futur II mit **avere** gebildet wird, bleibt das Partizip Perfekt unverändert. Es endet dann immer auf **-o.***

	uscire	
(io)	**sarò**	uscito, -a
(tu)	**sarai**	uscito, -a
(lui/lei/Lei)	**sarà**	uscito, -a
(noi)	**saremo**	usciti, -e
(voi)	**sarete**	usciti, -e
(loro)	**saranno**	usciti, -e

*Wenn hingegen das Futur II mit **essere** konjugiert wird, dann richtet sich das Partizip Perfekt wie ein Adjektiv in Geschlecht und Zahl nach dem Subjekt.*

Das Partizip Perfekt endet:

Elio sarà uscit**o**.
Laura sarà uscit**a**.
I figli saranno uscit**i**.
Le ragazze saranno uscit**e**.

- *auf -o in der männlichen Einzahl,*
- *auf -a in der weiblichen Einzahl,*
- *auf -i in der männlichen Mehrzahl,*
- *auf -e in der weiblichen Mehrzahl.*

---

*Da das Futur II analog zum **Passato prossimo** gebildet wird, sind die Regeln zur Veränderlichkeit des Partizip Perfekts sowie der Gebrauch von **essere** und **avere** dieselben wie beim **Passato prossimo**.*

 *Weitere Informationen erhalten Sie im Kapitel „Das **Passato prossimo"**.*

Der Gebrauch des Futur II

Quando arriverai, **saremo** già **partiti**.
Appena **mi sarò trasferito** a Londra,
    studierò l'inglese.

Das Futur II drückt aus, dass eine zukünftige Handlung vor einer anderen zukünftigen Handlung geschehen wird.

Dasselbe Zeitverhältnis kann in den meisten Fällen durch das Futur I ausgedrückt werden:

Appena **mi trasferirò** a Londra, studierò l'inglese.
Quando **smetterà** di piovere, faremo una passeggiata.

Mit dem Futur II kann man auch:

A quest'ora Viola **sarà** già **arrivata** a
    casa e **avrà** anche già **mangiato**,
    penso.
Chissà dov'è il gatto; non **sarà scappato**,
    spero.

- *eine Vermutung, eine Unsicherheit oder einen Zweifel in Bezug auf einen zurückliegenden Vorgang äußern.*

Fra un'ora **avrai scritto** la lettera,
    chiaro?!

- *einen Befehl erteilen.*

Das Konditional I

In Inghilterra **impareresti** velocemente
  l'inglese.
Partirei volentieri più tardi.
Dovresti fare attenzione.
Mi **presteresti** la tua macchina?
Molti parlamentari **sarebbero** contrari
  alla nuova legge.

In England würdest du schnell
  Englisch lernen.
Ich würde gerne später abfahren.
Du solltest aufpassen.
Würdest du mir dein Auto leihen?
Viele Abgeordnete sollen gegen das
  neue Gesetz sein.

Die Bildung des Konditional I

*Beim Konditional I sind die Endungen für alle Verben gleich: **-ei, -esti, -ebbe, -emmo,
-este** und **-ebbero**. Der Stamm des Verbs ist jeweils derselbe wie beim Futur.*

Verben mit regelmäßigem Konditional I

Verben auf -are, -ere und -ire

	trovare	mettere	capire
(io)	trov**erei**	mett**erei**	cap**irei**
(tu)	trov**eresti**	mett**eresti**	cap**iresti**
(lui/lei/Lei)	trov**erebbe**	mett**erebbe**	cap**irebbe**
(noi)	trov**eremmo**	mett**eremmo**	cap**iremmo**
(voi)	trov**ereste**	mett**ereste**	cap**ireste**
(loro)	trov**erebbero**	mett**erebbero**	cap**irebbero**

*Bei den Verben
mit regelmäßigem
Konditional hän-
gen Sie die Kondi-
tionalendungen
anstelle der Infini-
tivendung **-e** an.
Bei den Verben
auf **-are** wird das
-a- der Endung
-are zu **-e-**.*

*Anders als die übrigen Verben auf **-are**, behalten **dare, fare** und **stare** das **-a-** bei:*

dare → darei   fare → farei   stare → starei

Verben auf -care und -gare

	cercare	pagare
(io)	cercherei	pagherei
(tu)	cercheresti	pagheresti
(lui/lei/Lei)	cercherebbe	pagherebbe
(noi)	cercheremmo	pagheremmo
(voi)	cerchereste	paghereste
(loro)	cercherebbero	pagherebbero

Damit die Aussprache von -c- und -g- des Infinitivs bei allen Personen beibehalten wird, wird bei den Verben auf -care und -gare ein -h- eingefügt.

Verben auf -sciare, -ciare und -giare

	lasciare	baciare	mangiare
(io)	lascerei	bacerei	mangerei
(tu)	lasceresti	baceresti	mangeresti
(lui/lei/Lei)	lascerebbe	bacerebbe	mangerebbe
(noi)	lasceremmo	baceremmo	mangeremmo
(voi)	lascereste	bacereste	mangereste
(loro)	lascerebbero	bacerebbero	mangerebbero

Bei den Verben auf -sciare, -ciare und -giare entfällt das -i- des Verbstammes.
*Sciare (Ski laufen) behält aber das -i- bei, z. B. **scie**rei, **scie**resti, **scie**rebbe.*

Verben mit unregelmäßigem Konditional I

essere

(io)	sarei	(noi)	saremmo
(tu)	saresti	(voi)	sareste
(lui/lei/Lei)	sarebbe	(loro)	sarebbero

*Bei **essere** hängen Sie die Konditionalendungen an den unregelmäßigen Stamm **sar**-an.*

101

Verben mit verkürztem Verbstamm

Infinitiv		Verkürzter Verbstamm	Endungen
andare	→	**andr**	
avere	→	**avr**	
bere	→	**berr**	
cadere	→	**cadr**	
dovere	→	**dovr**	-ei
godere	→	**godr**	-esti
potere	→	**potr**	-ebbe
rimanere	→	**rimarr**	-emmo
sapere	→	**sapr**	-este
tenere	→	**terr**	-ebbero
valere	→	**varr**	
vedere	→	**vedr**	
venire	→	**verr**	
vivere	→	**vivr**	
volere	→	**vorr**	

*Eine Reihe von Verben, es handelt sich meist um häufig benutzte Verben auf **-ere**, haben einen verkürzten Stamm. Die Konditionalendungen, die immer dieselben bleiben, werden an diesen verkürzten Stamm angehängt. So heißt z. B. das Konditional von **andare**: **andrei, andresti, andrebbe, andremmo, andreste, andrebbero**.*

Das Konditional weist dieselben Besonderheiten und Unregelmäßigkeiten wie das Futur auf. Im Konditional sind also nur die Endungen neu.

Der Gebrauch des Konditional I

Das Konditional I wird verwendet:

Vi **farebbe** bene uscire un po'.
In montagna **staresti** meglio.

Vorrei una camera tranquilla.
Ci **piacerebbe** andare al mare.
Che ne **diresti** di invitare Rosa?
Potresti chiudere la finestra?
Lei **dovrebbe** lavorare di meno.
Dovresti andare dal dentista.

Il quadro di Picasso **costerebbe** più di un milione di dollari.

– *um auszudrücken, was sein oder geschehen könnte.*

– *um Aussagen in abgeschwächter Form zu formulieren. Wünsche, Vorschläge, Bitten, Ratschläge und Aufforderungen klingen im Konditional I höflicher als im Präsens bzw. im Imperativ.*

– *zur vorsichtigen Wiedergabe einer Nachricht, vor allem in den Medien.*

 Das Konditional I wird auch in Bedingungssätzen verwendet. Weitere Informationen erhalten Sie in dem Kapitel „Der Bedingungssatz".

Das Konditional II

Io **sarei partito** prima.
Ci **sarebbe piaciuto** vivere in Francia.

Avreste dovuto informarci.
I due uomini di stato **sarebbero giunti** ad un accordo.

Ich wäre früher abgereist.
Es hätte uns gefallen in Frankreich zu leben.
Ihr hättet uns informieren sollen.
Die zwei Staatsmänner sollen eine Einigung erzielt haben.

Die Bildung des Konditional II

Noi non **saremmo** mai **partiti** con la neve.
Avrei parlato volentieri con Fabio, ma non l'ho visto.

*Das Konditional II wird mit dem Konditional I von **essere** oder **avere** und dem Partizip Perfekt des jeweiligen Hauptverbs gebildet.*

	parlare	
(io)	**avrei**	parlat**o**
(tu)	**avresti**	parlat**o**
(lui/lei/Lei)	**avrebbe**	parlat**o**
(noi)	**avremmo**	parlat**o**
(voi)	**avreste**	parlat**o**
(loro)	**avrebbero**	parlat**o**

*Wenn das Konditional II mit **avere** gebildet wird, bleibt das Partizip Perfekt unverändert. Es endet dann immer auf **-o**.*

	partire	
(io)	**sarei**	partit**o**, -**a**
(tu)	**saresti**	partit**o**, -**a**
(lui/lei/Lei)	**sarebbe**	partit**o**, -**a**
(noi)	**saremmo**	partit**i**, -**e**
(voi)	**sareste**	partit**i**, -**e**
(loro)	**sarebbero**	partit**i**, -**e**

*Wenn hingegen das Konditional II mit **essere** konjugiert wird, dann richtet sich das Partizip Perfekt wie ein Adjektiv in Geschlecht und Zahl nach dem Subjekt.*

103

Elio sarebbe partit**o**.
Laura sarebbe partit**a**.
I figli sarebbero partit**i**.
Le ragazze sarebbero partit**e**.

Das Partizip Perfekt endet:

*– auf **-o** in der männlichen Einzahl,*
*– auf **-a** in der weiblichen Einzahl,*
*– auf **-i** in der männlichen Mehrzahl,*
*– auf **-e** in der weiblichen Mehrzahl.*

*Das Konditional II wird analog zum **Passato prossimo** gebildet. Für die Veränder-lichkeit des Partizip Perfekts und den Gebrauch von **essere** und **avere** gelten also die gleichen Regeln wie für das **Passato prossimo**.*

 *Informieren Sie sich darüber im Kapitel „Das **Passato prossimo**".*

Der Gebrauch des Konditional II

Das Konditional II verwendet man:

Ti **avrei telefonato,** ma non avevo il tuo numero.
Io **avrei detto** la verità.

– um zu sagen, was in der Vergan-genheit hätte sein oder geschehen können.

Mi **sarebbe piaciuto** fare il dentista.

– bei Wünschen, die unerfüllt blie-ben.

Avresti dovuto andare dal dentista.

– bei Aufforderungen und Bitten, denen man nicht nachgekommen ist.

Lei **avrebbe dovuto** lavorare di meno.

– bei Ratschlägen, die nicht befolgt wurden.

La villa **sarebbe costata** quasi due milioni di euro.
A distanza di quattro anni e 2300 chi-lometri, un gatto **avrebbe ritrovato** i suoi padroni.

– um Nachrichten/Informationen über ein vergangenes Geschehen ohne Gewähr zu formulieren, vor allem in den Medien.

 *Mehr zum Gebrauch des Konditional II finden Sie in den Kapiteln „Der Bedingungssatz", „Die indirekte Rede", „Die Zeitenfolge im **Congiuntivo**".*

Der Imperativ

Im Italienischen gibt es eine Befehlsform für Dinge, die man tun soll: „der bejahte Imperativ". Daneben gibt es eine Befehlsform für Dinge, die man nicht tun soll, die „der verneinte Imperativ" genannt wird.

Der bejahte Imperativ

~ **Scusa,** posso entrare?
≈ Ma certo, **entra** pure!

~ Entschuldige, darf ich eintreten?
≈ Aber sicher, komm ruhig rein.

~ **Scusi,** posso entrare?

~ Entschuldigen Sie, darf ich eintreten?

≈ Ma certo, **entri** pure!

≈ Aber sicher, treten Sie ruhig ein.

~ Possiamo entrare?
≈ Ma certo, **entrate** pure!

~ Dürfen wir eintreten?
≈ Aber sicher, tretet/treten Sie ruhig ein.

~ Allora su, **entriamo!**

~ Also los, gehen wir rein!

Der Imperativ der 2. Person Einzahl (tu)

Verben mit regelmäßigem Imperativ

	Infinitiv	Imperativ (tu)
Verben auf -are	guardare scusare	guarda! scusa!
Verben auf -ere	prendere leggere	prendi! leggi!
Verben auf -ire	sentire finire	senti! finisci!

Wenn Sie einer Person, die Sie duzen, einen Befehl erteilen, dann nehmen Sie die tu-Form des Imperativs.
Die Du-Form des Imperativs entspricht bei den Verben auf -are der 3. Person Einzahl des Präsens.
Bei den Verben auf -ere und -ire entspricht Sie der 2. Person Einzahl des Präsens.

Die 2. Person Einzahl Präsens wird auch bei den meisten Verben, die ein unregel-mäßiges Präsens haben, für den Imperativ der Du-Form benutzt, z. B.:

Infinitiv	Präsens (tu)		Imperativ (tu)	
tenere	tieni	*(du hältst)*	**tieni!**	*(halte!)*
uscire	esci	*(du gehst hinaus)*	**esci!**	*(geh hinaus!)*
venire	vieni	*(du kommst)*	**vieni!**	*(komm!)*
tradurre	traduci	*(du übersetzt)*	**traduci!**	*(übersetze!)*

Verben mit Kurzformen

andare:	**va'!/vai!**
dare:	**da'!/dai!**
fare:	**fa'!/fai!**
stare:	**sta'!/stai!**
dire:	**di'!**

Andare, dare, fare und stare haben zwei Imperativformen: eine Lang- und eine Kurzform. Die Kurzform wird sehr häufig verwendet.

Dire hingegen hat nur die Kurzform di'!.

Verben mit unregelmäßigem Imperativ

avere:	**abbi!**
essere:	**sii!**
sapere:	**sappi!**

Nur avere, essere und sapere haben einen unregelmäßigen Imperativ in der Du-Form.

Der Imperativ der 3. Person Einzahl (Lei)

Verben mit regelmäßigem Imperativ

	Infinitiv	Imperativ (Lei)
Verben auf **-are**	guard**are** scus**are**	guard**i!** scus**i!**
Verben auf **-ere**	prend**ere** legg**ere**	prend**a!** legg**a!**
Verben auf **-ire**	sent**ire** fin**ire**	sent**a!** fin**isca!**

*Wenn Sie einer Person, die Sie siezen, etwas befehlen, dann nehmen Sie die Lei-Form.
Bei diesen Formen hängen Sie bei den Verben auf -are ein -i an den Verbstamm.
Bei den Verben auf -ere und -ire hängen Sie an den Verb-stamm bzw. an die Stamm-erweiterung (-isc-) ein -a.*

106

Einen regelmäßigen Imperativ haben alle Verben, die im Präsens regelmäßig konjugiert werden.
Die Verben auf *-are* weisen im Übrigen beim Imperativ der **Lei**-Form dieselben Besonderheiten auf wie im Präsens:

Verben auf *-care* und *-gare* haben vor der Imperativendung *-i* ein *-h-:*

cer**care**: (Lei) cer**chi!**   pa**gare**: (Lei) pa**ghi!**

Verben auf *-iare* haben nur ein *-i:*

las**ciare**: (Lei) lasc**i!**   mang**iare**: (Lei) mang**i!**

Verben mit unregelmäßigem Imperativ

Ableitbare Imperative

Bei den ableitbaren Imperativen handelt es sich in der Regel um Verben, die im Präsens unregelmäßig sind und bei denen der Imperativ der Sie-Form von der 1. Person Einzahl Präsens ableitbar ist.

Infinitiv	Präsens (io)	Imperativ (Lei)
andare	vado →	**vada!**
dire	dico →	**dica!**
fare	faccio →	**faccia!**
proporre	propongo →	**proponga!**
tenere	tengo →	**tenga!**
tradurre	traduco →	**traduca!**
uscire	esco →	**esca!**
venire	vengo →	**venga!**

Den Imperativ der Lei-Form bilden Sie bei diesen Verben, indem Sie bei der 1. Person Einzahl des Präsens die Endung -o durch die Endung -a ersetzen.

Ganz unregelmäßige Formen

avere:	**abbia!**
dare:	**dia!**
essere:	**sia!**
sapere:	**sappia!**
stare:	**stia!**

Avere, dare, essere, sapere und stare haben einen ganz unregelmäßigen Imperativ in der Lei-Form.

Der Imperativ der 1. Person Mehrzahl (noi)

	Infinitiv	Imperativ (noi)
Verben auf -are	guardare andare	guardiamo! andiamo!
Verben auf -ere	prendere leggere	prendiamo! leggiamo!
Verben auf -ire	sentire finire	sentiamo! finiamo!

*Wenn Sie mehreren Personen, unter denen Sie sich selbst befinden, einen Befehl geben, so tun Sie es bei allen Verben mit der **noi**-Form des Präsens.*

Der Imperativ der 2. Person Mehrzahl (voi)

Verben mit regelmäßigem Imperativ

	Infinitiv	Imperativ (voi)
Verben auf -are	scusare lasciare	scusate! lasciate!
Verben auf -ere	prendere leggere	prendete! leggete!
Verben auf -ire	sentire finire	sentite! finite!

*Wenn Sie mehreren Personen, die Sie duzen oder siezen, einen Befehl erteilen, dann nehmen Sie einfach die **voi**-Form des Präsens.*

Verben mit unregelmäßigem Imperativ

avere:	**abbiate!**
essere:	**siate!**
sapere:	**sappiate!**

*Avere, essere und sapere haben einen unregelmäßigen Imperativ in der **voi**-Form.*

Der verneinte Imperativ

Senti, **non dimenticare** di telefonare al dott. Ronchi!
Senta, **non dimentichi** di telefonare al dott. Ronchi!

Hör mal, vergiss nicht, Dr. Ronchi anzurufen.
Hören Sie, vergessen Sie nicht, Dr. Ronchi anzurufen!

(tu)	**non aspettare!**	**non venire!**
	non bere!	**non parlare!**

*Der verneinte Imperativ der Du-Form setzt sich aus **non** + Infinitiv des jeweiligen Verbs zusammen.*

(Lei)	**non aspetti!**	**non beva!**
(noi)	**non aspettiamo!**	**non parliamo!**
(voi)	**non aspettate!**	**non venite!**

*Ansonsten setzen Sie **non** vor die Formen des bejahten Imperativs.*

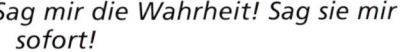

Die Personalpronomen beim Imperativ

Mi dia due etti di parmigiano, per favore.
Di**mmi** la verità! Di**mmela** subito!

Geben Sie mir bitte 200 g Parmesan.
Sag mir die Wahrheit! Sag sie mir sofort!

Personalpronomen beim bejahten Imperativ

(tu) aspetta**mi!**
      compra**ne** un chilo!
      scrivi**melo!**

(noi) aspettiamo**lo!**
      andiamo**ci** subito!
      scriviamo**glielo!**

(voi) aspettate**ci!**
      comprate**ne** poco!
      scrivete**celo!**

*Die Personalpronomen, die Pronominaladverbien **ci** und **ne** sowie die kombinierten Personalpronomen (Doppelpronomen) werden an den Imperativ von **tu, noi** und **voi** angehängt.*
*Werden zwei Pronomen an den Imperativ angehängt, so stehen die direkten Objektpronomen (**lo, la, li, le**) und **ne** immer an 2. Stelle, d. h. nach den unbetonten Dativpronomen und nach **ce**.*

(Lei) **ci** aspetti, per favore!
      ne prenda un po'!
      ce lo scriva!

*Beim Imperativ der **Lei**-Form stehen die Pronomen jedoch vor dem Verb.*

109

Beim Imperativ der 2. Person Einzahl *(tu)* von **andare, dare, dire, fare** *und* **stare** *werden die Personalpronomen sowie* **ci** *und* **ne** *an die Kurzform angehängt. Der Konsonant des Pronomens wird dabei verdoppelt, außer bei* **gli:**

andare:	Va**cci** tu!	*Geh du hin!*	Va**gli** incontro!	*Geh ihm entgegen!*
dare:	Da**nne** un po' anche a me!		*Gib auch mir ein wenig davon!*	
dire:	Di**lle** tutto!	*Sag ihr alles!*	Di**gli** tutto!	*Sag ihm alles!*
fare:	Fa**llo** per noi!	*Mach es für uns!*		
stare:	Sta**mmi** bene!	*Bleib gesund!*		

Personalpronomen beim verneinten Imperativ

(tu) non **ci** aspettare!   non aspettar**ci**!
      non **me lo** dire!   non dir**melo**!

(noi) non **lo** aspettiamo!   non aspettiamo**lo**!
        non **glielo** diciamo!   non diciamo**glielo**!

(voi) non **ci** aspettate!   non aspettate**ci**!
       non **ce lo** dite!   non dite**celo**!

(Lei) **ci** aspetti!
      ce lo dica!

Beim verneinten Imperativ von **tu, noi** *und* **voi** *werden die Pronomen vor den Imperativ gesetzt oder an den Imperativ angehängt. Beim Infinitiv in der* **tu**-*Form entfällt dabei das End-***e.**

Bei der **Lei**-*Form müssen die Pronomen vorangestellt werden.*

Der Gebrauch des Imperativs

Mit dem Imperativ:

Non bere tanto!

  – *gibt man Befehle.*

Entri pure!
Accomodati!
Lasciatemi lavorare, per favore!

  – *drückt man Aufforderungen, Einladungen und Bitten aus.*

Senta, scusi!   **Si figuri! S'immagini!**
Dica!   **Abbi** pazienza!
Non si preoccupi!   Ma **fammi** il favore!
Faccia pure!

  – *werden viele Höflichkeitsfloskeln und Redewendungen formuliert.*

1. Ergänzen

Ergänzen Sie die Dialoge, indem Sie die angegebenen Verben in die jeweils passende Person des Futur I setzen.

1. ~ Tu quando *(andare)* _____ in vacanza quest'estate?

   ≈ Purtroppo non *(potere)* _____ partire prima di settembre.

2. ~ Che progetti avete per le prossime vacanze?

   ≈ Probabilmente *(andare)* _____ in Sardegna come ogni anno e

   in settembre *(fare)* _____ forse un viaggetto in Spagna.

3. ~ Carlo e Luca *(passare)* _____ il Natale con voi, immagino.

   ≈ Luca sì, lui *(venire)* _____ da noi. Carlo invece lo

   (passare) _____ con i suoi futuri suoceri. Lui e la sua fidanzata

   (essere) _____ però con noi a Capodanno.

4. ~ Il prossimo fine settimana Mariella ed io *(essere)* _____ a Zurigo.

   ≈ Che bello! Così *(potere)* _____ vedere la mostra su Leonardo da Vinci.

2. Vermuten

Warum fühlen sich die Damen nicht wohl? Formulieren Sie jeweils eine passende Vermutung, indem Sie die angegebenen Verben ins Futur II setzen.

1. Luisa ha mal di testa. _____ *(dormire)* troppo poco.

2. La signora Monelli ha il raffreddore. _____ *(uscire)* senza

   cappotto e _____ *(prendere)* freddo.

3. Simona ha mal di stomaco. _____ *(mangiare)* troppo.

3. Umformen

Wenn Sie einen Befehl in Form einer höflichen Aufforderung formulieren wollen, können Sie anstatt des Imperativs das Konditional I verwenden. Formen Sie nun die Befehle in höfliche Aufforderungen um. Benutzen Sie dabei anstelle des Imperativs das Konditional I.

1. Aiutami, per favore! _____ , per favore?

2. Ci faccia il conto, per favore! _____ il conto, per favore?

3. Prestaci la tua macchina! _____ la tua macchina?

4. Dammi il tuo indirizzo! _____ il tuo indirizzo?

5. Mi dia un consiglio! _____ un consiglio?

4. Auseinanderhalten

*Halten Sie die Imperative der **tu**-Form und der **Lei**-Form auseinander. Tragen Sie die entsprechenden Ziffern in die jeweiligen Kästchen ein.*

1. Scusami!	2. Entri pure!	3. Si serva!
4. Stia attenta!	5. Fa' attenzione!	6. Lascia fare a me!
7. Dica pure!	8. Abbi pazienza!	9. Senti!

Tu: ☐ ☐ ☐ ☐ ☐   **Lei:** ☐ ☐ ☐ ☐

5. Umformen

Formen Sie folgende bejahte Imperative in verneinte Imperative um.

1. Guarda! _____

2. Ci aspetti! _____

3. Prendete il treno! _____

4. Telefonami in ufficio! _____

5. Si fermi! _____

6. Venga prima delle otto! _____

Der Congiuntivo

Peccato che tu non **venga**!
Credevo che **avesse** ragione.
Vorrei che lui **pensasse** anche a me.

Schade, dass du nicht kommst!
Ich glaubte, dass er Recht hatte.
Ich hätte gern, dass er auch an mich
denken würde.

---

*Der **Congiuntivo**, der in der geschriebenen und in der gesprochenen Sprache
verwendet wird, wird anders gebraucht als der Konjunktiv im Deutschen.*

Der Congiuntivo presente

Sandro vuole partecipare alla gara
benché **abbia** la febbre.
Credo che Carlo **stia** bene.
Cerco qualcuno che mi **aiuti** nei lavori di
casa.

Sandro will am Wettkampf teilneh-
men, obwohl er Fieber hat.
Ich glaube, dass es Carlo gut geht.
Ich suche jemanden, der mir im
Haushalt hilft.

Die Bildung des Congiuntivo presente

Verben mit regelmäßigem Congiuntivo

Verben auf -are

	parl**are**
io	parl**i**
tu	parl**i**
lui/lei/Lei	parl**i**
(noi)	parl**iamo**
(voi)	parl**iate**
(loro)	parl**ino**

*Sie bilden den **Congiuntivo presente** der
Verben auf **-are**, indem Sie die Endungen
-i, -iamo, -iate und **-ino** an den Verbstamm
anhängen.
Die Formen von **io, tu, lui, lei, Lei** haben
dabei alle dieselbe Endung. Aus diesem
Grund wird häufig das Personalpronomen
hinzugefügt.
Die 1. Person Mehrzahl des **Congiuntivo
presente** ist identisch mit der 1. Person
Mehrzahl des Indikativ Präsens.*

*Verben, die im Präsens regelmäßig sind, sind es auch im **Congiuntivo**. Ebenso weisen sie dieselben Besonderheiten auf wie im Präsens.*

*So haben die Verben auf -**care** und -**gare** vor dem -**i**- ein -**h**-:*

	io, tu, lui/lei/Lei	(noi)	(voi)	(loro)
cer**care**:	cer**chi**	cer**chiamo**	cer**chiate**	cer**chino**
pa**gare**:	pa**ghi**	pa**ghiamo**	pa**ghiate**	pa**ghino**

*Die Verben auf -**iare** haben nur ein -**i**:*

	io, tu, lui/lei/Lei	(noi)	(voi)	(loro)
stud**iare**:	stud**i**	stud**iamo**	stud**iate**	stud**ino**
mang**iare**:	mang**i**	mang**iamo**	mang**iate**	mang**ino**

Verben auf -ere und -ire

	scriv**ere**	part**ire**	cap**ire**
io	scriv**a**	part**a**	cap**isca**
tu	scriv**a**	part**a**	cap**isca**
lui/lei/Lei	scriv**a**	part**a**	cap**isca**
(noi)	scriv**iamo**	part**iamo**	cap**iamo**
(voi)	scriv**iate**	part**iate**	cap**iate**
(loro)	scriv**ano**	part**ano**	cap**iscano**

*Bei den Verben auf -**ere** und -**ire** setzen Sie die Endungen -**a**, -**iamo**, -**iate** und -**ano** an den Verbstamm bzw. an die Stammerweiterung -**isc**-. Die 1. Person Mehrzahl des **Congiuntivo presente** ist identisch mit der entsprechenden Person des Indikativ Präsens.*

Verben mit unregelmäßigem Congiuntivo

Verben im Infinitiv	Indikativ Präsens (io)	Congiuntivo			
		io, tu, lui lei, Lei	(noi)	(voi)	(loro)
andare	vado	vada	and**iamo**	and**iate**	vad**ano**
bere	bevo	beva	bev**iamo**	bev**iate**	bev**ano**
dire	dico	dica	dic**iamo**	dic**iate**	dic**ano**
fare	faccio	faccia	facc**iamo**	facc**iate**	facc**iano**
potere	posso	possa	poss**iamo**	poss**iate**	poss**ano**
tenere	tengo	tenga	ten**iamo**	ten**iate**	teng**ano**
uscire	esco	esca	usc**iamo**	usc**iate**	esc**ano**
venire	vengo	venga	ven**iamo**	ven**iate**	veng**ano**
volere	voglio	voglia	vogl**iamo**	vogl**iate**	vogl**iano**

*Verben, die im Präsens unregelmäßig sind, haben im **Congiuntivo presente** die Endungen -**a**, -**iamo**, -**iate** und -**ano**.*

114

Bildung des unregelmäßigen Congiuntivo presente

Infinitiv	Indikativ Präsens	Congiuntivo	
	1. Person Einzahl	1., 2., 3. Person Einzahl	3. Person Mehrzahl
andare	vad**o**	vad**a**	vad**ano**
tenere	teng**o**	teng**a**	teng**ano**
uscire	esc**o**	esc**a**	esc**ano**

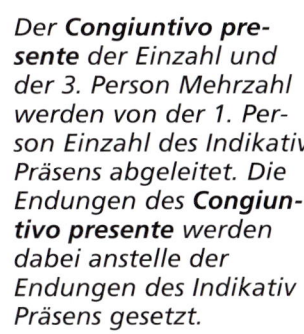

*Der **Congiuntivo presente** der Einzahl und der 3. Person Mehrzahl werden von der 1. Person Einzahl des Indikativ Präsens abgeleitet. Die Endungen des **Congiuntivo presente** werden dabei anstelle der Endungen des Indikativ Präsens gesetzt.*

Infinitiv	Indikativ Präsens	Congiuntivo
	1. Person Mehrzahl	1. Person Mehrzahl
andare	andiamo	and**iamo**
tenere	teniamo	ten**iamo**
uscire	usciamo	usc**iamo**

*Die 1. Person Mehrzahl des **Congiuntivo presente** und des Indikativ Präsens sind identisch.*

Infinitiv	Congiuntivo	Congiuntivo
	1. Person Mehrzahl	2. Person Mehrzahl
andare	and**iamo**	and**iate**
tenere	ten**iamo**	ten**iate**
uscire	usc**iamo**	usc**iate**

*Die 2. Person Mehrzahl des **Congiuntivo presente** wird von der 1. Person Mehrzahl des **Congiuntivo presente** abgeleitet.*

Ganz unregelmäßige Formen

Infinitiv	io, tu, lui lei, Lei	(noi)	(voi)	(loro)
avere	**abbia**	abbiamo	**abbiate**	**abbiano**
dare	**dia**	diamo	**diate**	**diano**
dovere	**debba**	dobbiamo	**dobbiate**	**debbano**
essere	**sia**	siamo	**siate**	**siano**
sapere	**sappia**	sappiamo	**sappiate**	**sappiano**
stare	**stia**	stiamo	**stiate**	**stiano**

*Der **Congiuntivo presente** von avere, dare, dovere, essere, sapere und stare wird von keiner anderen Verbform abgeleitet.*

115

Der Gebrauch des Congiuntivo presente

*Der **Congiuntivo presente** wird in Hauptsätzen verwendet, die mit **che** beginnen und Folgendes ausdrücken:*

Qualcuno ha suonato alla porta.
  Che sia di nuovo la vicina?

– *eine zweifelnde Frage.*

Che faccia attenzione!

– *eine Aufforderung.*

Che Dio vi **benedica!**

– *einen Wunsch.*

*Der **Congiuntivo presente** wird vor allem in Nebensätzen verwendet:*

Ti aiuto **benché abbia** poco tempo.
Vi presto la macchina **a condizione che torniate** prima di mezzanotte.
Diglielo **prima che sia** troppo tardi.
Cerca di entrare **di modo che** nessuno ti **senta.**

– *nach einigen Konjunktionen, darunter z. B.:*
  benché, affinché, purché, a condizione che, a meno che, prima che, sebbene, senza che, di modo che.

---

*Nach der Konjunktion **di modo che** steht der **Congiuntivo,** wenn der Nebensatz etwas Erwünschtes beinhaltet:*

Parla lentamente, **di modo che** tutti **possano** capirti.
Rede langsam, so dass dich alle verstehen können.

*Ansonsten folgt nach **di modo che** der Indikativ:*

Ho dimenticato la carta di credito **di modo che** non **posso** pagare il conto.
Ich habe die Kreditkarte vergessen, so dass ich die Rechnung nicht bezahlen kann.

Mio padre **non vuole** che **esca** tutte le sere.
Mi auguro che tutto **vada** bene.
Aspettiamo che arrivi il dott. Rota.
Spero che non **succeda** niente.
Preferiamo che tu non **parta** da solo.

– *nach der Konjunktion **che** bei Verben und Wendungen, die ausdrücken, dass man etwas will, wünscht, verlangt, erwartet oder erhofft. Dazu gehören z. B.:*
  aspettare, augurarsi, desiderare, permettere, preferire, sperare, non vedere l'ora, volere.

Penso che sia meglio partire subito.
Mi sembra che Stefano non **stia** bene.
Trovo che i tuoi genitori **abbiano** ragione.
Immagino che l'opera non vi **piaccia** tanto.
Credo che Anna **sia** in vacanza.

– *nach der Konjunktion **che** bei Verben und Wendungen des Meinens, Denkens und Glaubens wie z. B.:* **avere l'impressione, capire, credere, essere dell'opinione/del parere, immaginare, pensare, sembra/pare a qu, supporre, ritenere, trovare.**

Dubito che Enzo **sappia** bene il tedesco.
Non so se mio marito **possa** venire.
Non sono sicuro che il film **piaccia** a tutti.

– *nach der Konjunktion **che** bzw. **se** (ob) bei Verben und Wendungen des Zweifelns und der Unsicherheit. Dazu zählen:* **dubitare, non essere sicuro, non sapere, non pensare, non credere.**

---

*Der Indikativ und nicht der **Congiuntivo** steht nach Verben und Wendungen, die Sicherheit bzw. Gewissheit wiedergeben, wie z. B. nach:*

sapere: **So** che **hai** ragione tu.
essere sicuro/certo/convinto: **Sono sicuro** che Michele non **è** in casa.

Ebenso steht der Indikativ nach Verben und Wendungen des Sagens, Versicherns und Bestätigens, also z. B. nach:

dire: **Dico** che **siete** tutti matti.
affermare: **Affermo** che **è** la verità.
confermare: Il direttore **conferma** che non **ci sono** più camere libere.

Ho paura che mia madre **venga** a sapere tutto.
Sono contento che tu non **abbia** la febbre.
Non m'importa che Rita non **venga.**
Ci dispiace che non **possiate** rimanere.
Non sopporto che nel soggiorno **ci sia** disordine.
Temo che arrivino in ritardo.

– *nach der Konjunktion **che** bei Verben und Wendungen, die ein Gefühl wiedergeben, wie z. B. Angst, Freude, Gleichgültigkeit, Traurigkeit, Bedauern, Ärger, Erstaunen. Dazu zählen u. a.:* **aver paura, dispiacere a qu, essere contento/felice/sorpreso/triste, non importare a qu, far piacere a qu, non sopportare, temere.**

È **assurdo che faccia** tu i compiti di tuo fratello.
Bisogna che faccia più caldo.
Basta che mi **telefoniate** stasera.
È **meglio che** il cane **rimanga** a casa.
Peccato che non **abbiate** tempo di venire a trovarci.
Può darsi che non **riesca** a finire la traduzione entro lunedì.
Sembra che Sandra **voglia** divorziare.

– *nach unpersönlichen Verben und Ausdrücken, die einen Nebensatz mit* **che** *einleiten, wie z. B.:* **è assurdo che, bisogna che, basta che, è bene/meglio che, è bello che, è incredibile che, è (in)giusto che, è (im)possibile che, è necessario che, pare che, (è un) peccato che, può darsi che, sembra che, è strano che, è una vergogna che.**

Nach unpersönlichen Verben und Wendungen, die Sicheres und Offensichtliches ausdrücken, nimmt man hingegen den Indikativ, so z. B. nach **è certo che, è chiaro che, è evidente che, è sicuro che, si sa che, è vero che:**

È **certo che** qui non **accettano** carte di credito.
È **chiaro che hai** ragione tu.
È **evidente che** non **dici** la verità.

È **sicuro che** domani è festa.
Si sa che l'olio d'oliva è sano.
È **vero che ci sono** troppe macchine.

*Der **Congiuntivo presente** steht auch:*

Cerchiamo **un albergo che accetti** i cani.
Mi può consigliare **un libro che piaccia** agli adulti e ai bambini?

– *in Relativsätzen, die einen Wunsch, eine Forderung oder eine Erwartung wiedergeben.*

Il dott. Bruni è **la persona più gentile che** io **conosca.**
Carla è **l'unica che sappia** veramente bene il tedesco.
Non c'è **nessun film che** gli **piaccia.**

– *in Relativsätzen, die einen Superlativ oder einen Ausdruck mit Ausschließlichkeitscharakter wie* **l'unico, l'ultimo, il solo, niente, nessuno** *enthalten.*

Non aprire, **chiunque sia.**
Qualunque cosa ti **offra,** tu non comprarla.
Non cambierò idea, **qualsiasi** cosa tu mi **dica.**
Dovunque tu **vada,** io ti seguirò.
Comunque vadano le cose, io ti scriverò.

– *nach verallgemeinernden Ausdrücken wie:* **chiunque** *(wer auch immer),* **qualunque/qualsiasi** *(welche(r, s) auch immer),* **dovunque** *(wo(hin) auch immer),* **comunque** *(wie auch immer).*

*Wenn Haupt- und Nebensatz dasselbe Subjekt haben, nimmt man anstelle des Nebensatzes mit dem **Congiuntivo** eine Infinitivkonstruktion:*

Sono contento **di essere** a casa. **Ich** bin froh zu Hause zu sein.
Aber: Sono contento **che tu sia** a casa. **Ich** bin froh, dass **du** zu Hause bist.
Non voglio **rimanere** qui. **Ich** will nicht hier bleiben.
Aber: Non voglio **che tu rimanga** qui. **Ich** will nicht, dass **du** hier bleibst.

Der Congiuntivo passato

È bene che **abbiate raccontato** tutto. *Es ist gut, dass ihr alles erzählt habt.*
Carlo non risponde. Che **sia** già **partito?** *Carlo antwortet nicht. Ob er wohl schon abgereist ist?*

È il più bel film che **abbia** mai **visto.** *Es ist der schönste Film, den ich je gesehen habe.*

Die Bildung des Congiuntivo passato

Non so se Ezio **sia** già **tornato.**
Penso che tu **abbia preso** una decisione sbagliata.

*Den **Congiuntivo passato** bilden Sie mit dem **Congiuntivo presente** von **essere** oder **avere** und dem Partizip Perfekt des jeweiligen Hauptverbs.*

	prendere
(io)	**abbia** preso
(tu)	**abbia** preso
(lui/lei/Lei)	**abbia** preso
(noi)	**abbiamo** preso
(voi)	**abbiate** preso
(loro)	**abbiano** preso

*Wenn der **Congiuntivo passato** mit **avere** gebildet wird, bleibt das Partizip Perfekt unverändert. Es endet dann immer auf **-o**.*

	partire
(io)	**sia** partit**o, -a**
(tu)	**sia** partit**o, -a**
(lui/lei/Lei)	**sia** partit**o, -a**
(noi)	**siamo** partit**i, -e**
(voi)	**siate** partit**i, -e**
(loro)	**siano** partit**i, -e**

*Wenn hingegen der **Congiuntivo passato** mit **essere** konjugiert wird, dann richtet sich das Partizip Perfekt in Geschlecht und Zahl nach dem Subjekt, z. B. **Penso che Eva sia già partita.***

 *Mehr über die Bildung und Veränderlichkeit des Partizip Perfekts sowie den Gebrauch von **essere** und **avere** erfahren Sie im Kapitel „Das **Passato prossimo**".*

Der Gebrauch des Congiuntivo passato

Ho paura che sia successo qualcosa a Michele.
Può darsi che abbia perso il treno.
Pia non è ancora arrivata. **Che sia successo** qualcosa?
Barbara è **l'unica donna che** mi **abbia** veramente **amato.**

*Der **Congiuntivo passato** wird nach denselben Regeln wie der **Congiuntivo presente** in einem Haupt- oder Nebensatz verwendet. Dabei bezeichnet der **Congiuntivo passato** Ereignisse, die bereits geschehen sind.*

 *Mehr Informationen über den Gebrauch des **Congiuntivo passato** entnehmen Sie bitte dem Abschnitt „Die Zeitenfolge beim **Congiuntivo**".*

Der Congiuntivo imperfetto

Fossi già a Parigi!
E se **mandassimo** un fax?

Parla come se **fosse** ubriaco.

Wäre ich doch schon in Paris!
Und wenn wir ein Fax schicken würden?

Er spricht, wie wenn er betrunken wäre.

Die Bildung des Congiuntivo imperfetto

Verben mit regelmäßigem Congiuntivo imperfetto

Verben auf -are, -ere und -ire

	andare	avere	capire
(io)	and**assi**	av**essi**	cap**issi**
(tu)	and**assi**	av**essi**	cap**issi**
(lui/lei/Lei)	and**asse**	av**esse**	cap**isse**
(noi)	and**assimo**	av**essimo**	cap**issimo**
(voi)	and**aste**	av**este**	cap**iste**
(loro)	and**assero**	av**essero**	cap**issero**

*Die regelmäßigen Formen des **Congiuntivo imperfetto** bildet man, indem man die Endungen der einzelnen Personen an den jeweiligen Verbstamm, z. B. **and-, av-, cap-** anhängt.*

*Die 1. und 2. Person Einzahl sind im **Congiuntivo imperfetto** immer identisch.*

Verben mit unregelmäßigem Congiuntivo imperfetto

Infinitiv		Unregelmäßiger Stamm	Endung des *Congiuntivo Imperfetto*
bere	→	**bev**	
dire	→	**dic**	-essi
fare	→	**fac**	-essi
trarre	→	**tra**	-esse
porre	→	**pon**	-essimo
produrre	→	**produc**	-este
dare	→	**d**	-essero
stare	→	**st**	

*Die Verben mit unregelmäßigem **Congiuntivo imperfetto** haben für die einzelnen Personen die Endungen **-essi, -essi, -esse, -essimo, -este** und **-essero**. Diese Endungen werden an den Stamm des Imperfekts angehängt, z. B.: **dessi, dessi, desse, dessimo, deste, dessero**.*

---

*__Trarre, porre__ und __produrre__ können Sie als Muster für die Verben auf **-arre, -orre** und **-urre** nehmen, z. B.:*

distr**arre**:	(io) distraessi, (tu) distraessi, (lui/lei/Lei) distraesse, (noi) distraessimo, (voi) distraeste, (loro) distraessero
prop**orre**:	(io) proponessi, (tu) proponessi, (lui/lei/Lei) proponesse, (noi) proponessimo, (voi) proponeste, (loro) proponessero
cond**urre**:	(io) conducessi, (tu) conducessi, (lui/lei/Lei) conducesse, (noi) conducessimo, (voi) conduceste, (loro) conducessero

---

essere

(io)	fossi	(tu)	fossi	(lui/lei/Lei)	fosse
(noi)	fossimo	(voi)	foste	(loro)	fossero

*Das Verb **essere** ist ein Einzelfall.*

Der Gebrauch des Congiuntivo imperfetto

*Der **Congiuntivo imperfetto** steht:*

Venisse almeno da solo!
Potessi partire con voi!
Sapessi le lingue come le sai tu!

– *bei Wünschen, die nicht erfüllt werden können oder deren Erfüllbarkeit unwahrscheinlich ist.*

E se **andassimo** al cinema?

– *bei vorsichtig formulierten Vorschlägen.*

Si comporta **come se fosse** lui il direttore.

– *nach der Konjunktion **come se**, um etwas Nichtwirkliches in der Gegenwart auszudrücken.*

 *Der **Congiuntivo imperfetto** wird vor allem in Bedingungssätzen und gemäß der Zeitenfolge bei Verben und Wendungen, die den **Congiuntivo** verlangen, benutzt. Informationen finden Sie im Kapitel „Der Bedingungssatz" bzw. im Abschnitt „Die Zeitenfolge beim **Congiuntivo**". Den Gebrauch des **Congiuntivo imperfetto** in der indirekten Frage können Sie im Kapitel „Die indirekte Rede" nachlesen.*

Der Congiuntivo trapassato

Non l'**avessi** mai **conosciuto**!
E se **avessimo mandato** un fax?

Mi guarda come se non mi **avesse** mai **visto**!

Hätte ich ihn nur nie kennen gelernt!
Und wenn wir ein Fax geschickt hätten?
Er schaut mich an, als ob er mich noch nie gesehen hätte.

Die Bildung des Congiuntivo trapassato

	prendere	
(io)	avessi	preso
(tu)	avessi	preso
(lui/lei/Lei)	avesse	preso
(noi)	avessimo	preso
(voi)	aveste	preso
(loro)	avessero	preso

	partire	
(io)	fossi	partito, -a
(tu)	fossi	partito, -a
(lui/lei/Lei)	fosse	partito, -a
(noi)	fossimo	partiti, -e
(voi)	foste	partiti, -e
(loro)	fossero	partiti, -e

*Den **Congiuntivo trapassato** bilden Sie mit dem **Congiuntivo imperfetto** von **avere** oder **essere** und dem Partizip Perfekt des jeweiligen Hauptverbs.*
*Wenn der **Congiuntivo trapassato** mit **avere** gebildet wird, dann endet das Partizip Perfekt auf **-o**.*
*Wird er hingegen mit **essere** gebildet, richtet sich das Partizip Perfekt in Geschlecht und Zahl nach dem Subjekt, z. B.*
E se Eva fosse già partita?

*Mehr über die Bildung und Veränderlichkeit des Partizip Perfekts sowie den Gebrauch von **essere** und **avere** erfahren Sie im Kapitel „Das Passato prossimo".*

Der Gebrauch des Congiuntivo trapassato

*Der **Congiuntivo trapassato** steht:*

Fosse almeno **venuto** da solo!

    – bei Wünschen, die nicht verwirklicht werden konnten.

E se **fossimo andati** al cinema?

    – bei Überlegungen über Dinge, die hätten geschehen können.

Si comporta **come se avesse vinto** al lotto.

    *– nach der Konjunktion **come se**, um etwas Nichtwirkliches in der Vergangenheit auszudrücken.*

*Mehr über den Gebrauch des **Congiuntivo Trapassato** entnehmen Sie dem Kapitel „Der Bedingungssatz" bzw. dem Abschnitt „Die Zeitenfolge beim Congiuntivo" sowie dem Kapitel „Die indirekte Rede".*

Die Zeitenfolge beim Congiuntivo

Credo che Carlo **sia arrivato**.

Penso che **stia** bene.
Spero che non **parta/partirà** già
domani!

Credevo che Carlo **fosse** già **arrivato**.

Pensavo che **stesse** bene.
Speravo che non **sarebbe ripartito/
ripartisse** troppo presto.

Mi dispiacerebbe se non **venisse** più.

Mi sarebbe dispiaciuto se non **fosse
venuto**.

*Ich glaube, dass Carlo angekommen
ist.*
Ich denke, dass es ihm gut geht.
*Ich hoffe, dass er nicht schon morgen
verreist/verreisen wird.*

*Ich glaubte, dass Carlo schon ange-
kommen war.*
Ich dachte, dass es ihm gut ginge.
*Ich hoffte, dass er nicht zu bald
wieder wegfahren würde.*

*Es würde mir Leid tun, wenn er nicht
mehr kommen würde.*
*Es hätte mir Leid getan, wenn er nicht
gekommen wäre.*

*Um in einem Nebensatz mit dem **Congiuntivo** die richtige Zeit zu benutzen, muss
man erstens wissen, ob die Handlung des Nebensatzes vor der Handlung des
Hauptsatzes stattgefunden hat (vorzeitig), zur gleichen Zeit stattfindet (gleich-
zeitig) oder danach stattfinden wird (nachzeitig).*

*Zweitens richtet sich die zu wählende Zeit nach der Zeit des Verbs, das im Hauptsatz
steht, z. B. Präsens, Futur, eine Zeit der Vergangenheit oder Konditional.*

Das Verb des Hauptsatzes steht im Präsens, im Futur oder im Imperativ

Hauptsatz		Nebensatz		
		vorzeitig *Congiuntivo passato*	gleichzeitig *Congiuntivo presente*	nachzeitig *Congiuntivo presente/Futur I*
Präsens	Penso	che **sia arrivata**.	che **arrivi** adesso.	che **arrivi/ arriverà** più tardi.
Futur I	Penserà			
Imperativ	Non pensare			

Es gibt auch noch weitere Kombinationsmöglichkeiten.

Präsens – Konditional I:
Steht im Hauptsatz das Verb im Präsens, dann kann im Nebensatz das Konditional I verwendet werden, wenn der Nebensatz aussagt, was jetzt oder später sein bzw. geschehen könnte:

Penso che Luca **si sposerebbe** volentieri.   *Ich denke, dass Luca gerne heiraten würde.*

Präsens – Konditional II:
Steht im Hauptsatz das Verb im Präsens, dann kann im Nebensatz das Konditional II verwendet werden, wenn der Nebensatz angibt, was hätte sein bzw. geschehen können.

Penso che Pia **si sarebbe sposata** volentieri. *Ich denke, dass Pia gerne geheiratet hätte.*

Das Verb des Hauptsatzes steht in einer Zeit der Vergangenheit

Hauptsatz		Nebensatz		
		vorzeitig **Congiuntivo trapassato**	gleichzeitig **Congiuntivo imperfetto**	nachzeitig **Konditional II/ Congiuntivo imperfetto**
Imperfetto	**Pensavo**	che **fosse arrivata.**	che **arrivasse** subito.	che **sarebbe arrivata/ arrivasse** più tardi.
Passato prossimo	**Ho pensato**			
Passato remoto	**Pensai**			
Trapassato prossimo	**Avevo pensato**			

Es gibt noch weitere Kombinationsmöglichkeiten, z. B.:

Präsens – **Congiuntivo imperfetto:**
Steht im Hauptsatz das Verb im Präsens, dann kann im Nebensatz der **Congiuntivo imperfetto** verwendet werden, wenn ein vergangener Zustand oder eine vergangene Gewohnheit beschrieben werden:

Mi sembra che **fosse** l'una quando è successo.
Mir scheint, dass es ein Uhr war, als es geschah.
Sembra che da bambina **andasse** ogni estate in Sardegna.
Es scheint, dass sie als Kind jedes Jahr nach Sardinien fuhr.

Präsens – **Congiuntivo trapassato:**
Steht im Hauptsatz das Verb im Präsens, dann wird die Vorzeitigkeit im Nebensatz mit dem **Congiuntivo trapassato** ausgedrückt, wenn es sich um ein weit zurückliegendes Geschehen handelt:

Non so se nel 1945 Luisa **si fosse** già **trasferita** a Roma.
Ich weiß nicht, ob Luisa schon 1945 nach Rom umgezogen war.

Das Verb des Hauptsatzes steht im Konditional

Wenn Verben und Ausdrücke, die wie **desiderare, preferire, volere, è bene, è meglio, è necessario** einen Wunsch ausdrücken, im Konditional stehen, dann steht im Nebensatz der **Congiuntivo imperfetto** bzw. der **Congiuntivo trapassato**.

Hauptsatz		Nebensatz		
		vorzeitig *Congiuntivo trapassato*	gleichzeitig *Congiuntivo imperfetto*	nachzeitig *Congiuntivo imperfetto*
Konditional I	**Vorrei**	che **fosse arrivata.**	che **arrivasse** subito.	che **arrivasse** più tardi.
Konditional II	**Avrei voluto**			

1. Erkennen

*Kreuzen Sie an, ob der Indikativ oder der **Congiuntivo** verwendet werden muss.*

1. È necessario che la gente
   a. ☐ è / b. ☐ sia informata.

2. So che ☐ a. ha / b. ☐ abbia ragione.

3. Non c'è nessun libro che io
   a. ☐ ho letto / b. ☐ abbia letto
   con maggior interesse.

4. Non venire, qualsiasi cosa
   a. ☐ succede / b. ☐ succeda.

5. Il dottore ha detto che fra due giorni
   a. ☐ puoi / b. ☐ possa alzarti.

6. È evidente che Maurizio
   a. ☐ sa / b. ☐ sappia bene l'inglese.

2. Umformen

*Formen Sie die Sätze in der linken Spalte in die Vergangenheit um, indem Sie die hervorgehobenen Verben in den **Congiuntivo imperfetto,** in den **Congiuntivo trapassato** oder ins Konditional II setzen.*

1. Credono che tu **stia** male.

1. Credevano che tu _____ male.

2. Penso che Stefano **sia uscito.**

2. Pensavo che Stefano _____ .

3. Credo che i miei genitori **ritorneranno** in Italia.

3. Credevo che i miei genitori _____
   _____ in Italia.

4. Non so se il telefonino **sia** veramente indispensabile.

4. Non sapevo se il telefonino _____
   veramente indispensabile.

5. Temo che Carla **abbia fatto** tanti debiti.

5. Temevo che Carla _____
   tanti debiti.

6. Non vogliamo che **paghiate** voi il conto.

6. Non volevamo che _____
   voi il conto.

7. Non è sicuro che l'anno prossimo io **possa** passare un mese al mare.

7. Non era sicuro che l'anno dopo io
   _____ passare
   un mese al mare.

8. Vuoi che si **vada** al cinema?

8. Volevi che si _____ al cinema?

127

3. Vervollständigen

*Vervollständigen Sie die Sätze mit Hilfe der angegebenen Verben im **Congiuntivo presente** oder im **Congiuntivo passato**.*

1. Non penso che Luca *(avere)* _____ voglia di partecipare alla regata.

2. Sembra che Franco e Silvia *(sposarsi)* _____ l'anno prossimo.

3. Temo che Sandro *(annoiarsi)* _____ ieri sera.

4. Pare che Lucia e Andrea *(divorziare)* _____ già da tempo.

5. Siamo contenti che voi due *(andare)* _____ di nuovo d'accordo.

6. Credo che ieri sera mia figlia non mi *(dire)* _____ la verità.

7. È un peccato che sabato prossimo tu e Gianna non *(potere)* _____ venire alla festa.

8. Bisogna che a scuola tu *(fare)* _____ più attenzione.

9. Mi dispiace che lo spettacolo di ieri sera non ti *(piacere)* _____ .

10. Se non potete venire basta che mi *(telefonare)* _____ .

4. Auswählen

*Müssen die Sätze mit dem **Congiuntivo presente** oder mit dem **Congiuntivo imperfetto** ergänzt werden? Wählen Sie die jeweils passende Verbform aus und unterstreichen Sie sie.*

1. Secondo me sarebbe bene che tu faccia/facessi ordine nella tua stanza. Non è necessario che tu lo faccia/facessi subito, ma fallo.

2. Non vogliamo che tu esca/uscissi tutte le sere. Preferiremmo che tu rimanga/rimanessi a casa almeno il fine settimana.

3. Non è bene che tu prenda/prendessi la macchina per andare in centro. Sarebbe meglio che ci vada/andassi con i mezzi pubblici.

4. Alla nonna piacerebbe che per il suo compleanno si riunisca/si riunisse tutta la famiglia. E poi vorrebbe che Carletto suoni/suonasse qualcosa alla chitarra.

5. Sarebbe bene che qualcuno resti/restasse a casa con il nonno. Non è bene che stia/stesse solo tutto il fine settimana.

128

Die reflexiven Verben

Franca **si alza** alle sette. **Si lava, si veste,** prende un caffè ed esce.	*Franca steht um sieben Uhr auf. Sie wäscht sich, zieht sich an, trinkt einen Kaffee und geht weg.*

*Wie im Deutschen gibt es auch im Italienischen Verben, die sowohl nicht reflexiv als auch reflexiv sein können, z. B. **lavare** (waschen) und **lavarsi** (sich waschen). Einige ändern dabei ihre Bedeutung, wie z. B.:*

alzare *(hochheben)* – **alzarsi** *(aufstehen),* **cambiare** *(wechseln)* – **cambiarsi** *(sich umziehen),* **chiamare** *(rufen, anrufen)* – **chiamarsi** *(heißen),* **sedere** *(sitzen)* – **sedersi** *(sich setzen),* **trovare** *(finden)* – **trovarsi** *(sich befinden),* **tenere** *(halten)* – **tenersi** *(sich halten, sich festhalten)*

In der Umgangssprache werden oft nicht reflexive Verben reflexiv verwendet. Der Sprecher gibt damit seiner Aussage einen besonders persönlichen Ton, z. B.:

Adesso **mi bevo** una bella birra.	*Jetzt trinke ich (mir) ein Bierchen.*
Ci siamo mangiati un panino.	*Wir haben (uns) ein Brötchen gegessen.*

Die reflexiven Verben im Präsens

Come **ti senti,** oggi?	*Wie fühlst du dich heute?*
Rosa e Furio **si vedono** tutti i giorni.	*Rosa und Furio sehen sich jeden Tag.*
Mi siedo quando sono stanca.	*Ich setze mich, wenn ich müde bin.*

Regelmäßige Formen

	alzar**si**
(io)	**mi** alzo
(tu)	**ti** alzi
(lui/lei/Lei)	**si** alza
(noi)	**ci** alziamo
(voi)	**vi** alzate
(loro)	**si** alzano

mettersi:	Che cosa **ti metti?**
vestirsi:	Perché non **ti vesti?**
pulirsi:	**Mi pulisco** i denti.

*Die reflexiven Verben haben immer ein Reflexivpronomen bei sich. Im Infinitiv, z. B. bei **alzarsi**, wird das Reflexivpronomen an den um das **-e** verkürzten Infinitiv angehängt: **alzare** → **alzarsi**.
Sobald ein reflexives Verb konjugiert wird, steht das Reflexivpronomen vor dem Verb.
Das Verb selbst wird wie jedes andere nicht reflexive Verb auf **-are, -ere** oder **-ire** konjugiert.*

Die Stellung des Reflexivpronomens folgt denselben Regeln wie die übrigen Pronomen.

☞ *Sie können diese Regeln im Kapitel „Das Personalpronomen" unter dem Abschnitt „Die Stellung der unbetonten Objektpronomen" nachlesen.*

Unregelmäßige Formen

	tenersi	sedersi
(io)	mi **tengo**	mi **siedo**
(tu)	ti **tieni**	ti **siedi**
(lui/lei/Lei)	si **tiene**	si **siede**
(noi)	ci teniamo	ci sediamo
(voi)	vi tenete	vi sedete
(loro)	si **tengono**	si **siedono**

Ist ein Verb in seiner nicht reflexiven Form unregelmäßig, ist es auch in seiner reflexiven Form unregelmäßig.

Die reflexiven Verben in den zusammengesetzten Zeiten

Mia moglie ed io **ci siamo conosciuti** grazie a Internet.
Fabio si trasferì in Germania perché **si era innamorato** di una ragazza tedesca.
Appena **ti sarai separato** da Anna verrò ad abitare da te.

Meine Frau und ich haben uns dank des Internets kennen gelernt.
Fabio zog nach Deutschland, weil er sich in ein deutsches Mädchen verliebt hatte.
Sobald du dich von Anna getrennt haben wirst, werde ich zu dir ziehen.

Passato prossimo: lavarsi		
(io)	mi **sono**	lavat**o**, **-a**
(tu)	ti **sei**	lavat**o**, **-a**
(lui/lei/Lei)	si **è**	lavat**o**, **-a**
(noi)	ci **siamo**	lavat**i**, **-e**
(voi)	vi **siete**	lavat**i**, **-e**
(loro)	si **sono**	lavat**i**, **-e**

*Die Bildung der zusammengesetzten Zeiten, also z. B. des **Passato prossimo**, des **Trapassato prossimo**, des Futurs II, ist bei den reflexiven Verben ganz einfach.*
*Sie werden immer mit dem Hilfsverb **essere** gebildet.*
Das Partizip Perfekt gleicht sich in Geschlecht und Zahl dem Subjekt an.

Trapassato prossimo: lavarsi		
(io)	mi **ero**	lavat**o**, **-a**
(tu)	ti **eri**	lavat**o**, **-a**
(lui/lei/Lei)	si **era**	lavat**o**, **-a**
(noi)	ci **eravamo**	lavat**i**, **-e**
(voi)	vi **eravate**	lavat**i**, **-e**
(loro)	si **erano**	lavat**i**, **-e**

Sehen Sie hier ein Beispiel im
Trapassato Prossimo.

*Wird das reflexive Verb mit **dovere, potere** oder **volere** verwendet, dann gibt es bei den zusammengesetzten Zeiten zwei Möglichkeiten:*

(io)	mi **sono**	**dovuto, -a** lavare
(tu)	ti **sei**	**dovuto, -a** lavare
(lui/lei/Lei)	si **è**	**dovuto, -a** lavare
(noi)	ci **siamo dovuti, -e** lavare	
(voi)	vi **siete dovuti, -e** lavare	
(loro)	si **sono**	**dovuti, -e** lavare

*– Sie können das Hilfsverb **essere** nehmen. Das Reflexivpronomen steht dann vor dem Hilfsverb.*

(io)	**ho**	**dovuto**	lavar**mi**
(tu)	**hai**	**dovuto**	lavar**ti**
(lui/lei/Lei)	**ha**	**dovuto**	lavar**si**
(noi)	**abbiamo dovuto**		lavar**ci**
(voi)	**avete**	**dovuto**	lavar**vi**
(loro)	**hanno**	**dovuto**	lavar**si**

*– Sie können aber auch das Hilfsverb **avere** benutzen. Das jeweilige Reflexivpronomen müssen Sie in diesem Fall an den um das **-e** verkürzten Infinitiv anhängen.*

Einige wichtige Verben sind im Italienischen reflexiv, im Deutschen hingegen nicht:
accorgersi di qc *(etw bemerken),* **chiamarsi** *(heißen),* **addormentarsi** *(einschlafen),* **fermarsi** *(anhalten),* **alzarsi** *(aufstehen),* **ammalarsi** *(erkranken),* **mettersi qc** *(etw anziehen),* **andarsene** *(weggehen),* **svegliarsi** *(aufwachen)*

Den umgekehrten Fall gibt es natürlich auch, d. h. ein Verb ist im Deutschen reflexiv und im Italienischen nicht reflexiv:
cambiare *(sich ändern),* **migliorare** *(sich bessern, sich verbessern),* **peggiorare** *(sich verschlechtern),* **succedere** *(sich ereignen)*

131

Unpersönliche Verben und Ausdrücke

Piove da stamattina.
Bisogna alzarsi presto.
È bello essere in vacanza.

Es regnet seit heute Morgen.
Man muss früh aufstehen.
Es ist schön, im Urlaub zu sein.

Unpersönliche Verben und Ausdrücke haben kein bestimmtes Subjekt.

Zu den unpersönlichen Verben gehören:

Oggi **piove/nevica/grandina**.
Fa bel/brutto tempo.
Fa caldo/freddo/fresco.

– Verben und Ausdrücke, die das Wetter beschreiben.

Basta fare attenzione.
Bisogna pagare subito.
Conviene dire la verità.
Con questo tempo **è meglio** rimanere a casa.
Ma **è necessario** partire tanto presto?
Sembra strano, ma è vero.
Con lui non **serve** parlare.
Ci vuole molto per convincere Aldo.

– Verben und Ausdrücke, die im Deutschen mit „es", „man" oder „es ist" wiedergegeben werden, z. B.:
***basta** (es genügt), **bisogna** (man muss, es ist nötig), **conviene** (es ist angebracht), **è meglio** (es ist besser), **è necessario** (es ist nötig), **sembra** (es scheint), **serve** (es ist nützlich), **ci vuole poco/molto** (es gehört wenig/viel dazu).*

È bastato poco per convincere Pia.
Non **è servito** a niente parlare con lui.
Mi **è sembrato** che tutto andasse bene.

*Die zusammengesetzten Zeiten bilden die unpersönlichen Verben und Ausdrücke in der Regel mit dem Hilfsverb **essere**.*

Ha fatto bel tempo.
Ha fatto un po' **fresco**.
Quest'estate **ha fatto caldo**.

*Atmosphärische Erscheinungen, die mit **fare** ausgedrückt werden, bilden aber die zusammengesetzten Zeiten mit **avere**.*

Ieri **è/ha piovuto** tutto il giorno.
Quest'anno non **è/ha nevicato** molto.

*Ansonsten haben Sie bei Angaben über das Wetter die Wahl zwischen **essere** und **avere**.*

132

Secondo te **basteranno i soldi?**
I soldi non **sono bastati.**
Qui **succedono** tante **cose** strane.
Sono successi molti **incidenti.**
Vi piacciono gli spaghetti?
La serata non mi **è piaciuta.**
Ci vogliono pochi **minuti** per fare il
  caffè.
C'è voluta molta **forza** per aprire la
porta.

C'è poco **posto** per le macchine.
Ci sono pochi **parcheggi.**

~ **Cosa c'è** da mangiare, oggi?
≈ **Ci sono le tagliatelle** alla bolognese.

*Viele unpersönliche Verben und
Ausdrücke können auch persönlich
verwendet werden.
Das Verb richtet sich dann in
Geschlecht und Zahl nach dem
Subjekt.*

*Dem deutschen „es gibt/es hat"
entspricht im Italienischen* **c'è,** *wenn
das Subjekt in der Einzahl steht und*
ci sono, *wenn es in der Mehrzahl
steht.*

---

*Anders als im Deutschen werden folgende Ausdrücke im Italienischen persönlich
verwendet:*

Sto bene.
Ho freddo/caldo.
Riesco ad arrivare in tempo.
Sono lieto/contento di vederti.

Es geht mir gut.
Mir ist kalt/warm.
Es gelingt mir pünktlich anzukommen.
Es freut mich, dich zu sehen.

Der Infinitiv

Der Infinitiv Präsens

Mi piacerebbe **vivere** al Sud.
Sono andato a letto senza **mangiare**.

Ich würde gerne im Süden leben.
Ich bin ohne zu essen ins Bett
gegangen.

Formen

compr**are**
vend**ere**
part**ire**

Es gibt im Italienischen drei Formen
des Infinitivs:
*Infinitive auf **-are, -ere** und **-ire**.*

distr**arre**
prop**orre**
cond**urre**

In einigen wenigen Fällen hat der
*Infinitiv die Formen **-arre, -orre** und*
***-urre**.*

Gebrauch

Der Infinitiv wird im Italienischen und im Deutschen gleich verwendet. Es gibt
allerdings Unterschiede im Gebrauch der Präposition, die dem Infinitiv vorausgeht.
Manchmal folgt der Infinitiv dem konjugierten Verb sogar direkt ohne Präposition.

Der Infinitiv steht ohne Präposition:

Deve rimanere a casa.
Posso aprire la finestra?

*– nach **dovere, potere, volere** und*
***sapere**.*

Rita non **ama spendere** troppo.
Desidererei partire presto.
L'ho **sentito telefonare**.

– nach einer Reihe weiterer Verben,
*z. B. **amare, desiderare, preferire**,*
***sentire** und **vedere**.*

È facile criticare gli altri.
È meglio chiudere la porta.
Basta fare attenzione.

– nach unpersönlichen Verben und
*Ausdrücken, z. B. **è facile, è meglio**,*
***basta, bisogna, mi/ti ... piace**.*

Es gibt auch unpersönliche Ausdrücke, die den Infinitiv mit di anschließen, z. B.:

mi/ti ... dispiace: **Mi dispiace di non poter venire.**
mi/ti ... pare: **Mi pare di essere** dimagrita.
mi/ti ... sembra: **Mi sembra di stare** meglio.

Der Infinitiv wird nach vielen Verben mit der Präposition a angeschlossen. Dazu zählen z. B.:

Mi sono abituata ad alzarmi presto.
Non **riesco ad aprire** la porta.
Tanta gente **si diverte a navigare** su Internet.

– *abituarsi a, divertirsi a, fermarsi a, riuscire a, servire a usw.*

Wenn nach der Präposition a ein Wort folgt, das mit Vokal beginnt, wird die Präposition a zu ad. Das d hat die Aufgabe die Aussprache zu erleichtern.

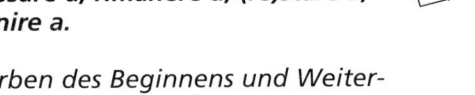

Vado a fare la spesa.
Perché non **rimanete a dormire?**
Passo a salutarti.
Veniamo a trovarvi stasera.

– *Verben der Bewegung und des Bleibens, z. B. andare a, correre a, passare a, rimanere a, (re)stare a, venire a.*

Cominciamo a lavorare presto.
Continui a studiare il tedesco?
Ha iniziato a scrivere poesie.
Forse **mi metto a fare** jogging.

– *Verben des Beginnens und Weitermachens, z. B. cominciare a, continuare a, iniziare a, mettersi a.*

Non **sono abituato a stare** solo.
Non **è adatta a fare** l'insegnante.
È bravo a suonare il piano.
Siamo obbligati a cambiar casa.

– *häufig essere + Adjektiv, z. B. essere abituato a, essere adatto a, essere bravo a, essere obbligato a usw.*

Der Infinitiv steht nach der Präposition di:

Finisco di lavorare verso le sette.
Non **smette di piovere.**

– *bei Verben des Beendens einer Handlung wie finire di, smettere di.*

Ho bisogno di stare solo.
Hai ragione di difenderti.
Non **ho tempo di fare** la spesa.

– *oft bei avere + Substantiv, z. B. aver bisogno di, aver ragione di, aver tempo di, aver voglia di usw.*

135

Siamo contenti di vederti. **Sono felice di essere** qui. **Siamo stanchi di discutere.** **Sei stufo di stare** in casa?	– *oft bei **essere** + Adjektiv, z. B.* ***essere contento di, essere felice di,*** ***essere stanco di, essere stufo di,*** ***essere triste di** usw.*
Aspettiamo di poter partire. **Cercherò di arrivare** in tempo. **Credo di stare** meglio. Gli **ho promesso di telefonargli.** **Ricordati di comprare** la frutta!	– *bei einer Reihe anderer Verben,* *z. B. **aspettare di, cercare di,*** ***credere di, decidere di, dimenticare*** ***di, promettere di, ricordarsi di,*** ***sperare di, temere di** usw.*

---

*Die Personalpronomen werden an den um das **-e** gekürzten Infinitiv angehängt, z. B.:*

Temo di **farti** male.   *Ich habe Angst dir wehzutun.*

*Bei den Verben auf **-arre, -orre** und **-urre** wird der Infinitiv um **-re** gekürzt, z. B.:*

Non vorrei **distrarti.**   *Ich möchte dich nicht ablenken.*

	Der Infinitiv steht nach der Präposi- *tion **da** zur Angabe der Bestimmung* *bei:*
Che cosa c'è **da mangiare?** Vorrei **qualcosa da bere.**	– ***che cosa?, qualcosa, niente, molto*** *und **poco.***
Non ho **tempo da perdere.**	– *Substantiven.*
	Der Infinitiv steht außerdem:
Sono qui **per scusarmi.**	– *nach der Präposition **per** (um zu).*
Invece di studiare è uscito con Pia. Telefonami **prima di partire!** È uscito **senza salutare.**	– *nach **invece di** (anstatt), **prima di*** *(bevor) und **senza** (ohne).*
Sono io **a non volere** il telefonino. (= Sono io che non voglio il telefo- nino.)	– *nach der Präposition **a** anstelle* *eines Relativsatzes.*

Wussten Sie, dass aus einem Infinitiv ein Substantiv entsteht, wenn der Infinitiv von
*dem bestimmten Artikel **il, lo, l'** (männlich Einzahl) begleitet wird?*

Il mangiare era ottimo.	*Das Essen war ausgezeichnet.*
L'andare su e giù mi fa male.	*Das Hinauf- und Heruntergehen tut mir nicht gut.*

Der Infinitiv Perfekt

Dopo **aver mangiato** abbiamo fatto una passeggiata.
Penso di **essere dimagrito.**

Nachdem wir gegessen hatten, haben wir einen Spaziergang gemacht.
Ich glaube abgenommen zu haben.

Bildung

Penso di **aver(e) detto** tutto.
Crede di **aver(e) fatto** il necessario.
Pensiamo di **esser(e) partiti** in tempo.

*Den Infinitiv Perfekt bilden Sie mit dem Infinitiv von **avere** oder **essere** (die Endung -e kann dabei wegfallen) und dem Partizip Perfekt des jeweiligen Hauptverbs.*

Carlo teme di **esser(e) stato** poco gentile.
Eva è contenta di **esser(e) venuta** con noi.
I genitori temono di **esser(e) partiti** tardi.
A Pia e Rosa dispiace di **esser(e) arrivate** tardi.

*Wenn der Infinitiv Perfekt mit **essere** konjugiert wird, dann richtet sich das Partizip Perfekt in Geschlecht und Zahl nach dem Subjekt.*

---

*Unbetonte Personalpronomen werden an **esser-** bzw. **aver-** angehängt:*

Dopo **essermi** lavata i capelli sono uscita.
Ho telefonato a Enzo. Credo di **avergli** fatto piacere.

Gebrauch

A Chiara dispiace di **essersi arrabbiata.**
Dopo **aver fatto** la spesa sono tornata a casa.

Mit dem Infinitiv Perfekt bezeichnen Sie einen Vorgang, der bereits geschehen ist oder der sich vor einem anderen Vorgang ereignet hat.

Das Gerundium

~ Ma cosa stai **facendo?**
≈ Sto **scrivendo** a Rita.
Mi sono fatto male **sciando.**

~ *Was machst du denn (gerade)?*
≈ *Ich schreibe Rita gerade.*
Ich habe mich beim Skilaufen ver-
letzt.

Bildung

Das Gerundium bleibt immer unver-
ändert. Sie bilden es, indem Sie:

and**are:**	**andando**

– *bei den Verben auf* **-are** *die Endung*
-ando an den Verbstamm anhän-
gen.

prend**ere:**	**prendendo**
dorm**ire:**	**dormendo**
fin**ire:**	**finendo**

– *bei den Verben auf* **-ere** *und* **-ire**
die Endung **-endo** *an den Verb-*
stamm anhängen.

bere:	**bevendo**
dire:	**dicendo**
fare:	**facendo**

Einige wenige Verben bilden das
Gerundium unregelmäßig. Bei diesen
Verben wird die Endung **-endo** *an*
den Imperfektstamm angehängt.

trarre:	**traendo**
porre:	**ponendo**
produrre:	**producendo**

Wie **trarre, porre** *und* **produrre** *wird*
auch das Gerundium der anderen
Verben auf **-arre, -orre** *und* **-urre**
gebildet.

Stare + Gerundium

~ Ma dov'è Mario?
≈ **Sta facendo** la doccia.
Stavamo parlando proprio di te.

~ *Wo ist denn Mario?*
≈ *Er duscht gerade.*
Wir sprachen gerade über dich.

138

Bildung

(io)	sto	scrivendo
(tu)	stai	leggendo
(lui/lei/Lei)	sta	dormendo
(noi)	stiamo	lavorando
(voi)	state	uscendo
(loro)	stanno	mangiando

*Bei **stare** + Gerundium wird **stare** in die jeweilige Form gesetzt. Das Verb der beschriebenen Handlung steht im Gerundium.*

Gebrauch

~ Cosa **state facendo?**
≈ **Stiamo guardando** le foto delle vacanze.

*Mit **stare** + Gerundium können Sie eine Handlung beschreiben, die gerade passiert.*

~ Cosa **stavi facendo** ieri quando ho telefonato?
≈ **Stavo lavorando** in giardino.

*Die beschriebene Handlung kann auch in der Vergangenheit liegen. **Stare** steht dann in den Formen des **Imperfetto**.*

~ Sai dov'è Pietro?
≈ Credo che **stia cercando** qualcosa in cantina.

Non sapevo che tu **stessi studiando** il tedesco.

*Nach einem Verb, das den **Congiuntivo** verlangt, steht **stare** im **Congiuntivo presente** bzw. im **Congiuntivo imperfetto**.*

~ Hai già risposto a Rita?
≈ **Le** sto scrivendo adesso.

Io torno a casa, **mi** sto annoiando troppo.

*Die unbetonten Personalpronomen sowie die Reflexivpronomen stehen meistens vor **stare**.*

Das Gerundium als Ersatz von Nebensätzen

Gianni ed io ci siamo conosciuti **chattando su Internet.**

Prendendo il treno delle 7.55 siete a Roma alle 12.20.

Gianni und ich haben uns beim Chatten im Internet kennen gelernt.
Wenn ihr den Zug um 7.55 Uhr nehmt, seid ihr um 12.20 Uhr in Rom.

Das Gerundium kann anstelle von Nebensätzen benutzt werden, wenn die Handlungen von Haupt- und Nebensatz gleichzeitig verlaufen und dasselbe Subjekt haben.

Das Gerundium ersetzt Nebensätze:

Viaggiando in treno incontro tanta gente simpatica.
(= **Quando** viaggio in treno ...)
Beim Zugfahren/Wenn ich Zug fahre, treffe ich viele sympathische Leute.

– *die mit **quando** eingeleitet werden.*

Sono caduto **scendendo le scale.**
(= **Mentre** scendevo le scale ...)
Ich bin hingefallen, als/während ich die Treppe hinunterstieg.

– *die mit **mentre** eingeleitet werden.*

Mangiando di meno dimagrisci.
(= **Se** mangi di meno ...)
Wenn/Falls/Indem du weniger isst, nimmst du ab.

– *die eine Bedingung ausdrücken.*

Essendo in ritardo prendiamo un taxi.
(= **Siccome** siamo in ritardo ...)
Da wir spät dran sind, nehmen wir ein Taxi.

– *die die Ursache angeben.*

Anche conoscendo bene l'inglese non capisco questo testo.
(= **Anche se** conosco bene ...)
Obwohl ich gut Englisch kann, verstehe ich diesen Text nicht.

– *die mit **anche se** eingeleitet werden.*

Unbetonte Personalpronomen und Reflexivpronomen werden einfach an das Gerundium angehängt:

Telefonando**gli** adesso lo disturbi.   *Wenn du ihn jetzt anrufst, störst du ihn.*

Das Passiv

„La Repubblica" **viene letta da molta gente.**

„Il nome della rosa" **è stato tradotto** in molte lingue.

„La Repubblica" *wird von vielen Leuten gelesen.*

„Der Name der Rose" *ist in viele Sprachen übersetzt worden.*

Einen Aktivsatz mit einem direkten Objekt kann man in einen Passivsatz umwandeln.

Aktivsatz: **I turisti** visitano **il duomo.**   *Die Touristen besuchen den Dom.*

Passivsatz: **Il duomo** è/viene visitato **dai turisti.** *Der Dom wird von den Touristen besucht.*

Questa villa **è stata costruita** nel 1924.
I clienti **vengono trattati** bene.

Questa villa è stata costruita **da un famoso architetto francese.**
I clienti vengono trattati bene **dal personale.**

Im Passivsatz kann der Urheber der Handlung unerwähnt bleiben.

*Wenn der Urheber der Handlung erwähnt wird, dann schließt man ihn mit der Präposition **da** an.*

Die einfachen Zeiten

Il duomo	è/viene visitato.
La mostra	è/viene visitata.
I musei	sono/vengono visitati.
Le città	sono/vengono visitate.

*Das Passiv Präsens bilden Sie mit dem Präsens von **essere** oder **venire** und dem Partizip Perfekt des Hauptverbs. Letzteres richtet sich in Geschlecht und Zahl nach dem Subjekt.*

Imperfekt:	era/veniva visitato
Futur:	sarà/verrà visitato
Passato remoto:	fu/venne visitato
Konditional I:	sarebbe/verrebbe visitato

*Die anderen einfachen Zeitformen werden mit der entsprechenden Zeit von **essere** oder **venire** und dem Partizip Perfekt des Hauptverbs gebildet.*

Das Passiv mit **essere** drückt manchmal eher einen Zustand aus; das Passiv mit **venire** hingegen gibt immer einen Vorgang wieder.
Wenn Sie also den Vorgang betonen wollen, dann bilden Sie das Passiv mit **venire**:

La finestra **viene chiusa**.	*Das Fenster wird geschlossen.*
Carla **viene invitata**.	*Carla wird eingeladen.*

Wenn Sie hingegen einen Zustand beschreiben wollen, verwenden Sie **essere**:

La finestra **è chiusa**.	*Das Fenster ist geschlossen.*
Carla **è invitata**.	*Carla ist eingeladen.*

Die zusammengesetzten Zeiten

Carlo **è stato invitato**.
Eva **è stata invitata**.
I miei amici **sono stati invitati**.
Le mie amiche **sono state invitate**.

*Die zusammengesetzten Zeiten kön-nen Sie nur mit **essere** und dem Par-tizip Perfekt des Hauptverbs bilden. **Essere** wird dabei in die erforderliche Zeit gesetzt, z. B.:*

La casa **è stata costruita** due anni fa.
(ist gebaut worden)

– *Passato prossimo,*

La storia **era stata pubblicata** subito.
(war veröffentlicht worden)

– *Trapassato prossimo,*

Credo che il film **sia stato lodato**.
(ist gelobt worden)

– *Congiuntivo passato.*

Wenn der Urheber nicht genannt ist, hat man im Italienischen die Möglichkeit, das Passiv in den einfachen Zeiten zu umschreiben. Man kann folgende Konstruk-tionen wählen:

– *si (man) + Verb in der 3. Person Einzahl bei einem Objekt in der Einzahl:*
  Qui **si vende** frutta fresca.   *Hier wird frisches Obst verkauft.*
– *si (man) + Verb in der 3. Person Mehrzahl bei einem Objekt in der Mehrzahl:*
  Non **si accettano** carte di credito.   *Es werden keine Kreditkarten angenommen.*
– *die 3. Person Mehrzahl des Verbs:*
  Qui **costruiscono** un grande centro commerciale.   *Hier wird ein großes Ein-kaufszentrum gebaut.*

Die unpersönliche Form si

Quando **si viaggia** in macchina, **si hanno** spesso troppi bagagli.

Wenn man mit dem Auto unterwegs ist, hat man oft zu viel Gepäck.

*Das deutsche „man" wird im Italienischen mit **si** wiedergegeben. Seine Anwendung ist jedoch nicht ganz so einfach wie im Deutschen.*

Die Anwendung von si

In questo albergo **si sta** bene.
Se **si continua** per questa strada
   si arriva in centro.

*Nach **si** steht das Verb in der 3. Person Einzahl.*

Da qui **si ha una bellissima vista** su tutta
   la città.
A casa nostra **si beve poca birra.**

*Nach **si** steht das Verb in der 3. Person Einzahl, wenn ein direktes Objekt in der Einzahl folgt.*

Come **si preparano le lasagne verdi?**
Qui **si mangiano delle ottime trenette al pesto.**

*Nach **si** steht das Verb in der 3. Person Mehrzahl, wenn es sich auf ein direktes Objekt in der Mehrzahl bezieht.*

Sono sicuro che **ci si metterà** d'accordo.
In inverno **ci si ammala** facilmente.

*In Verbindung mit einem reflexiven Verb ergibt sich die Form **ci si** + Verb.*

Quando **si è malati** si dovrebbe stare a
   casa.
Quando **si diventa padri** si cambia;
   si diventa più **pazienti.**

*Bei **si** + **è** bzw. **diventa** steht das nachfolgende Adjektiv/Substantiv in der Mehrzahl der männlichen Form.*

*In Verbindung mit einem unbetonten Personalpronomen steht **si** an zweiter Stelle, z. B.:*

Chissà cosa fa Carlo; non **lo si** vede più.
Wer weiß, was Carlo macht; man sieht ihn nicht mehr.

*In Verbindung mit **ne** wird **si** zu **se** und steht an erster Stelle, z. B.:*

Non **se ne** parla più.   *Man spricht nicht mehr davon.*

Si in den zusammengesetzten Zeiten

*Beim unpersönlichen **si** werden die zusammengesetzten Zeiten immer mit **essere** gebildet. Die Veränderlichkeit des Partizip Perfekts hängt von drei Kriterien ab.*

Si è partiti presto e **si è arrivati** verso le sei.
Durante il viaggio **ci si è fermati** solo due volte.

*Wenn das Verb in der persönlichen Form mit **essere** konjugiert wird (z. B. **sono partito** und **mi sono fermato**), dann endet das Partizip Perfekt in der unpersönlichen Form auf **-i**.*

Durante le vacanze **si è giocato** a tennis.
Si è mangiato molto bene, ma **si è** anche **pagato** molto.

*Wenn das Verb in der persönlichen Form mit **avere** konjugiert wird (**ho giocato, ho mangiato**), dann endet das Partizip Perfekt auf **-o**.*

Si è bevuto un ottimo prosecco.
Si è fatta una lunga passeggiata.
Si sono comprati alcuni souvenir.
Si sono fatte alcune fotografie.

*Wenn dem unpersönlichen Verb ein direktes Objekt folgt, z. B. **prosecco, passeggiata, souvenir, fotografie,** dann richten sich **essere** und das Partizip Perfekt in Zahl und Geschlecht nach diesem Objekt.*

Das unpersönliche „man" können Sie auch anders ausdrücken, z. B. durch:

– **uno** *(einer):*
   Se **uno è prudente** non succede niente. *Wenn man vorsichtig ist, passiert nichts.*
– *die 2. Person Einzahl wie im Deutschen:*
   Se non **vuoi** avere problemi **devi** stare calmo. *Wenn du keine Probleme haben willst, musst du ruhig bleiben.*
– *die 3. Person Mehrzahl:*
   Stanno restaurando la stazione.   *Der Bahnhof wird gerade restauriert.*

1. Vervollständigen

Vervollständigen Sie den Text mit den angegebenen Verben im Präsens. Setzen Sie sie in die jeweils erforderliche Person.

1. La mattina mio marito ed io *(svegliarsi)* _____ alle sei. 2. Lui *(alzarsi)* _____ subito e *(preparare)* _____ la colazione. 3. Io invece *(alzarsi)* _____ quando tutto è pronto. 4. Dopo la colazione Fabio *(lavarsi)*, _____ , *(farsi)* _____ la barba e *(prepararsi)* _____ per andare in ufficio. 5. Quando lui è uscito, io posso *(lavarsi)* _____ , *(vestirsi)* _____ e *(occuparsi)* _____ poi tranquillamente della casa. 6. Verso le nove *(mettersi)* _____ a lavorare. 7. Durante il giorno Fabio ed io *(vedersi)* _____ raramente. 8. A mezzogiorno io *(farsi)* _____ un panino e Fabio *(andare)* _____ a mangiare da sua madre. 9. La sera, dopo cena, Fabio ed io *(uscire)* _____ con degli amici oppure *(sedersi)* _____ davanti al televisore.

2. Entscheiden und Ergänzen

Ergänzen Sie die Präpositionen a, da oder di, wo nötig.

1. Vado _____ comprare il giornale. 2. Carlo ha molto _____ fare, non può _____ occuparsi dei bambini. 3. In agosto è meglio _____ prenotare il posto in treno. 4. Siamo stufi _____ sentire le vostre discussioni. 5. Hai qualcosa di fresco _____ bere? 6. Spesso basta _____ scusarsi gentilmente. 7. Monica è uscita senza _____ ringraziare. 8. Con i miei genitori non serve _____ discutere. 9. Non riesco _____ capire Pietro.

3. Umformen

*Setzen Sie die hervorgehobenen Verbformen ins **Passato prossimo**.*

1. Oggi **fa bel tempo**, però **fa un po' fresco**. _____

2. Da noi **nevica** e **fa molto freddo**. _____

3. Qui **fa caldo** e il posto **mi piace** molto; _____

   purtroppo i soldi **non bastano** per
   rimanere ancora alcuni giorni. _____

4. Beantworten

*Beantworten Sie die Fragen, indem Sie das jeweils angegebene Verb in die passende Zeit der Verlaufsform **stare** + Gerundium setzen.*

1. Ma cosa fate? | giocare a carte

   _____

2. Sai dov'è Franca? | vestirsi per uscire

   _____

3. Dove sono i bambini? | guardare la televisione

   _____

4. Che cosa facevate ieri alle sette? | cenare

   _____

5. Ti ho telefonato, ma tu non c'eri. | fare la spesa

   _____

5. Unterscheiden

Welche der folgenden Sätze sind Passivsätze, welche hingegen sind Aktivsätze? Tragen Sie die entsprechenden Ziffern in die jeweiligen Kästchen ein.

1. Il viaggio verrà organizzato dall' Istituto italiano di cultura.
2. Il documentario è stato realizzato dalla televisione tedesca.
3. Nostro figlio viene a trovarci spesso.
4. Questa villa venne costruita nel 1925.
5. Ieri è venuto Claudio con la sua ragazza.
6. Il professor Salvi è stato da noi alcune settimane fa.

Aktivsätze: ☐ ☐ ☐   Passivsätze: ☐ ☐ ☐

Die Verneinung

Die Verneinung mit no

~ Vuoi anche tu un caffè?
≈ **No,** io **no.**
~ Perché **no?**
≈ Ne ho appena bevuto uno.

~ *Willst du auch einen Kaffee?*
≈ *Nein, ich nicht.*
~ *Warum nicht?*
≈ *Ich habe soeben einen getrunken.*

~ Vuoi una birra?
≈ **No** grazie, sto bene così.
Allora, venite sì o **no?**

No steht alleine oder in Sätzen bzw. Satzteilen ohne Verb oder auch am Satzende.

~ Viene anche Pietro?
≈ Credo/Penso/Spero **di no.**

Nach credere, dire, pensare und sperare wird no mit di angeschlossen.

Sì wird übrigens auch mit di angeschlossen.

Credo/Penso/Spero **di sì.**

No, grazie.

Io sto bene, lui **no.**
Perché **no?**

No bedeutet auf Deutsch „nein".

Am Satzende bedeutet es in der Regel „nicht".

Im Ausdruck sì o no wird es allerdings mit „nein" wiedergegeben.

Allora, ti decidi di telefonare sì o **no?**

Die Verneinung mit non

~ Sta lavorando Michele?
≈ No, **non** sta lavorando.
~ Perché **non** lavora?
≈ Perché **non** ne ha voglia.

~ *Arbeitet Michele gerade?*
≈ *Nein, er arbeitet gerade nicht.*
~ *Warum arbeitet er nicht?*
≈ *Weil er dazu keine Lust hat.*

147

Michele **non** lavora molto.
Michele arbeitet nicht viel.

Non ha voglia di lavorare.
Er hat keine Lust zu arbeiten.

Stasera **non esco.**
Oggi **non ho fatto** colazione.

~ Dov'è il mio passaporto?
≈ **Non lo** so, **non l'**ho visto.

~ Ti è piaciuto il film?
≈ **No, non** mi è piaciuto.

Non wird im Deutschen mit:

– „nicht"

– oder „kein" übersetzt.

Non kann nicht alleine stehen.
Es steht:

– *vor dem konjugierten Verb bzw.*
  vor dem Hilfsverb in zusammenge-
  setzten Zeiten.

– *vor dem Pronomen bei der Gruppe*
  unbetontes Personalpronomen +
  Verb.

– *zusammen mit* **no,** *um negative*
  Antworten zu verstärken.

Non capisco **niente.**
Pietro **non** racconta **mai niente.**

Ich verstehe nichts.
Pietro erzählt nie etwas.

Die Verneinungselemente

Folgende Verneinungen bestehen
aus mehreren Verneinungselemen-
ten. Wie sie ins Deutsche übersetzt
werden, sehen Sie hier:

Non	legge	ancora.
Non	legge	affatto.
Non	legge	mai.
Non	legge	mica.
Non	vede	nessuno.
Non	legge	niente/nulla.

– „noch nicht",
– „überhaupt nicht",
– „nie",
– „gar nicht", „gar keine(r, s)"
  (Umgangssprache),
– „niemand, keine(r, s)",
– „nichts",

Non	legge	**neanche/nemmeno/ neppure.**	– ,,auch nicht", ,,nicht einmal",
Non	legge	**né** riviste **né** libri.	– ,,weder ... noch",
Non	legge	**più.**	– ,,nicht mehr".

Die Verneinungselemente können auch kombiniert werden. Im Deutschen werden Sie nur zum Teil als Verneinung wiedergegeben, z. B.:

Non ti telefonerò **mai più.**	*Ich werde dich nie mehr anrufen.*
Non ti presterò **mai più niente.**	*Ich werde dir nie mehr etwas leihen.*
Non presterò **mai più niente a nessuno.**	*Ich werde nie mehr jemandem etwas leihen.*

Die Stellung der Verneinungselemente

Pierino **non** cammina **ancora.**
Non siamo **affatto** stanchi.
Non andiamo **mai** a teatro.
Non è **mica** un bambino!
Qui **non** conosco **nessuno.**
Per Natale **non** le regalo **niente.**
Non le regalo **neanche** un libro.
A Pia **non** piace **né** il mare **né** la
   montagna.
Carlo **non** va **più** a scuola.

*Bei der Verneinung mit mehreren Verneinungselementen steht **non** vor dem konjugierten Verb bzw. vor dem unbetonten Personalpronomen. Die Verneinungspartikel stehen meist hinter dem konjugierten Verb.*

Die Verneinungselemente stehen wie folgt:

Non compro **niente.**

– *Sie umschließen das konjugierte Verb.*

Non posso comprare **niente.**

– *Sie umschließen das konjugierte Verb und den Infinitiv.*

Non ho comprato **niente.**

– *Sie umschließen das Hilfsverb und das Partizip Perfekt bei den zusammengesetzten Zeiten.*

Non sto comprando **niente.**

– *Sie umschließen **stare** und Gerundium.*

Non viene comprato **niente.**
Non è stato comprato **niente.**

– *Sie umschließen beim Passiv die konjugierte Form von **venire** bzw. **essere** und das Partizip Perfekt.*

149

Besteht das Prädikat (die Satzaussage) aus mehreren Verbelementen, dann hat das zweite Verneinungselement bei **non ... ancora, non ... mai, non ... mica** *und* **non ... più** *eine andere Stellung. Das zweite Verneinungselement steht:*

Non posso **ancora** partire.

– *zwischen dem konjugierten Verb und dem Infinitiv.*

Non sono **ancora** partito.
Non ho **ancora** mangiato.

– *zwischen dem Hilfsverb und dem Partizip Perfekt bei den zusammengesetzten Zeiten.*

Non sto **ancora** partendo.

– *zwischen* **stare** *und dem Gerundium.*

Non viene **ancora** venduto.
Non è **ancora** stato venduto.

– *zwischen der konjugierten Form von* **venire** *bzw.* **essere** *und dem Partizip Perfekt beim Passiv.*

Mai, nemmeno/neanche/neppure, niente/nulla, né ... né **und** *nessuno können auch am Satzanfang stehen. Sie werden dann ohne* **non** *verwendet und erhalten ganz besonderes Gewicht. Dieser Gebrauch ist allerdings nicht sehr üblich, z. B.:*

Mai ti lascerò solo!   *Nie werde ich dich allein lassen!*
Nessuno sarà migliore di noi!   *Niemand wird besser sein als wir!*
Nemmeno noi lasciava entrare!   *Nicht einmal uns ließ er eintreten!*
Niente lo convince!   *Nichts überzeugt ihn!*

Die Satzstellung

Der Aussagesatz

I miei genitori hanno una nuova macchina.
Ieri hanno fatto una gita in montagna.

Meine Eltern haben ein neues Auto.

Gestern haben sie einen Ausflug in die Berge gemacht.

Carlo ha comprato dei fiori.
Luciana ha regalato una cravatta a suo marito.

Die Satzstellung im normalen Aussagesatz lautet Subjekt – Prädikat – Objekte:

Subjekt	Prädikat	direktes Objekt	indirektes Objekt
Marco	fa	l'insegnante.	
Marco	ha studiato	lingue.	
Marco	insegna	l'italiano	agli stranieri.
Marco	scrive		ai suoi amici.

*Wenn ein direktes Objekt (**l'italiano**) und ein indirektes Objekt (**agli stranieri**) in einem Satz vorkommen, dann steht das direkte Objekt vor dem indirekten Objekt.*

Wird das direkte Objekt oder das indirekte Objekt durch ein unbetontes Pronomen ersetzt, dann steht dieses Pronomen vor dem Prädikat:

Marco insegna **l'italiano agli stranieri.**

Marco **lo** insegna agli stranieri.   Marco **gli** insegna l'italiano.

Auch wenn beide Objekte durch ein unbetontes Pronomen ersetzt werden, stehen diese Pronomen vor dem Prädikat:

Marco **glielo** insegna da due anni.

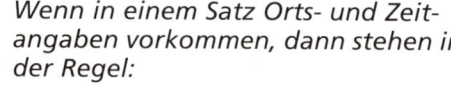

Wenn in einem Satz Orts- und Zeit-
angaben vorkommen, dann stehen in
der Regel:

Oggi ho un appuntamento.

– Zeitangaben am Satzanfang.

Ho un appuntamento **al bar.**

– Ortsangaben am Satzende.

Oggi ho un appuntamento **al bar.**

*Dies gilt auch, wenn beide Angaben
in einem Satz vorkommen.*

Ho un appuntamento **al bar, oggi.**

*Orts- und Zeitangabe können auch
am Satzende stehen, meistens in der
Reihenfolge: Ort – Zeit.
Die Zeitangabe wird in diesem Fall
hervorgehoben.*

Der Nebensatz

Anche se avrò molto lavoro, domenica
prossima voglio fare una gita al mare.

*Auch wenn ich viel Arbeit haben
werde, will ich am nächsten Sonn-
tag einen Ausflug ans Meer
machen.*

**Siccome mio marito non mangia le
cipolle,** non posso mai fare il fegato
alla veneziana.

*Im Gegensatz zum Deutschen hat der
Nebensatz im Italienischen dieselbe
Satzstellung wie der Hauptsatz:*

Subjekt	Prädikat	Objekt	Konjunk-tion	Subjekt	Prädikat	Objekt
Rosa	compra	un dolce	**perché**	**suo marito**	**ha invitato**	**degli amici.**

Der Fragesatz

Der Fragesatz ohne Fragewort

Il tuo collega abita fuori città?

Lavora nel tuo ufficio, il signor Renzi?

Wohnt dein Kollege außerhalb der Stadt?

Arbeitet Herr Renzi in deinem Büro?

Subjekt	Prädikat	Ergänzung
Carla	si è sposata	in chiesa?

In einem Fragesatz ohne Fragewort kann die Satzstellung dieselbe sein wie in einem Aussagesatz. Die Frage wird lediglich durch das Anheben der Stimme ausgedrückt.

Wenn das Subjekt Bestandteil des Verbs ist, bleibt die Satzstellung in einem Fragesatz dieselbe wie in einem Aussagesatz:

Aussagesatz:	Si è sposata in chiesa.	*Sie hat kirchlich geheiratet.*
Fragesatz:	Si è sposata in chiesa?	*Hat sie kirchlich geheiratet?/Sie hat kirchlich geheiratet?*

Prädikat	Ergänzung	Subjekt
Si è sposata	in chiesa,	Carla?

Im Fragesatz ohne Fragewort kann das Subjekt aber auch am Ende des Satzes stehen.

Der Fragesatz mit Fragewort

Quando è tornato Gianni?
Dove hai comprato il computer?

Wann ist Gianni zurückgekehrt?
Wo hast du den Computer gekauft?

Die Satzstellung

Fragewort	Prädikat	Subjekt/ Ergänzung/ Orts- und Zeitbestimmung
Come	stai?	
Chi	viene	stasera?
Dove	hai messo	il giornale?
Cosa	hai detto	a Franca?
Perché	è partito	Gianni?

Die meisten Fragen mit Frage-wort haben die Satzstellung: Fragewort – Prädikat – Subjekt bzw. Ergänzung.

*Bei der Frage mit **perché** kann das Subjekt auch vor dem Prädikat stehen:*

Perché **Gianni** è partito?

Tuo marito come sta?
Gianni perché è partito?
Stasera chi viene?
A Franca cosa hai detto?

Il giornale quando **lo** leggi?
La spesa chi **la** fa?
La carne come **la** prepari?
Gli occhiali dove **li** hai messi?
Le tue amiche quando **le** inviti?

Bei den meisten Fragen, die ein Sub-jekt bzw. eine Ergänzung haben, können das Subjekt bzw. die Ergän-zung auch am Satzanfang stehen. Sie werden damit hervorgehoben.

Wenn die Ergänzung ein direktes Objekt ist, dann muss das direkte Objekt durch das entsprechende unbetonte Objektpronomen wieder aufgenommen werden.

Unveränderliche Fragewörter

Chi

Chi è quel signore?
Chi hai invitato?

Chi heißt „wer" oder „wen".

	In Verbindung mit Präpositionen übersetzt man **chi** in der Regel mit:
A chi hai scritto?	– „wem'',
Con chi esci?	– „mit wem'',
Di chi parlate?	– „über wen'',
Per chi è il caffè?	– „für wen''.

Mit *di chi è/sono* fragt man nach dem Besitzer eines Gegenstandes:

Di chi sono questi guanti?   *Wem gehören diese Handschuhe?*

Che cosa

Che cos'è questo?	**Che cosa** bedeutet „was''. Man fragt damit nach Sachen und Sachverhalten.
Che cosa succede?	

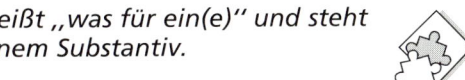

Cosa c'è da bere?	In der Umgangssprache wird **che cosa** oft zu **cosa** oder **che** verkürzt.
Che fai?	

	In Verbindung mit Präpositionen übersetzt man **che cosa** mit:
A che cosa pensi?	– „woran'',
Con che cosa si pulisce?	– „womit'',
Di che cosa parlate?	– „worüber'', „wovon''.

Che

Che tipo è il nuovo direttore?	**Che** heißt „was für ein(e)'' und steht vor einem Substantiv.
Che taglia ha, signora?	

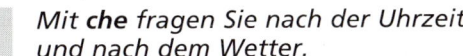

Che ora è?	Mit **che** fragen Sie nach der Uhrzeit und nach dem Wetter.
Che tempo fa?	

A che ora parte il treno?	In Verbindung mit der Präposition *a* fragen Sie mit **che** nach einem Zeitpunkt.

Come

Come si arriva al Duomo?	**Come** heißt „wie''.
Come stai?	
Come ti chiami?	

155

Dove

Dove sono i bambini?

Dove andate?

Di dove sei?

Da dove vieni a quest'ora?

Dove bedeutet „wo".

Mit andare bedeutet es „wohin".

Mit di dove fragt man nach dem Geburtsort/Heimatort.

In Verbindung mi da bedeutet dove „woher".

Quando

Quando vai in vacanza?

Da quando sei tornato?
Fino a/fin quando rimani?

Quando bedeutet „wann".

In Verbindung mit Präpositionen heißt quando:

– „seit wann",
– „bis wann".

Perché

~ Perché sei qui?
≈ Perché ti voglio vedere.

Perché bedeutet „warum".
In der Antwort heißt perché „weil".

Veränderliche Fragwörter

Quale – quali

Einzahl	Quale pullover preferisci? Quale rivista leggi?
Mehrzahl	Quali libri hai letto? Quali sono le Sue valigie?

Mit quale fragen Sie nach einer Person bzw. Sache innerhalb einer bestimmten Menge. Übersetzt wird es mit „welche(r, s)".
Wenn Sie nach mehreren Personen oder Sachen fragen, dann nehmen Sie quali.
Im Deutschen wird es mit „welche" wiedergegeben.

	In Verbindung mit Präpositionen heißen *quale* und *quali*:
Con quale treno arrivi? **Con quale** amica viaggi? **Per quale** collega è il vino?	– *„mit welchem",* – *„mit welcher",* – *„für welche(n, s)".*
A quale dei tuoi amici hai prestato la macchina?	*Mit **a quale** fragen Sie nach einer Person, die im italienischen Satz indirektes Objekt ist.*
A quali vicini mandi una cartolina?	*Mit **a quali** fragen Sie nach mehreren Personen, die im italienischen Satz indirektes Objekt sind.*

---

1. *Quale wird vor è und era zu **qual** verkürzt:*

   Qual è il tuo indirizzo?   **Qual era** il vostro albergo?

2. *In der Umgangssprache werden **quale** und **quali** vor einem Substantiv oft durch che ersetzt:*

   A quale/A che nome?   *Auf welchen Namen?*

Quanto – quanta – quanti – quante

Männlich Einzahl	**Quanto** vino vuoi?	*Quanto richtet sich in Geschlecht und Zahl nach dem Substantiv, auf das es sich bezieht.*
Weiblich Einzahl	**Quanta** gente c'era?	
Männlich Mehrzahl	**Quanti** figli hai?	
Weiblich Mehrzahl	**Quante** lingue sai?	

	*Mit **quanto** fragen Sie:*
Quanto costa questo vestito? **Quanto costano** le scarpe verdi? **Quanto (tempo)** rimani qui? **Quanti anni** hai?	– *nach dem Preis („wie viel ...''),* – *nach der Dauer („wie lange ...''),* – *nach dem Alter („wie alt ...'').*

1. Ergänzen

*Ergänzen Sie die Dialoge mit **no** oder **non**. Fügen Sie, wenn nötig, die Präposition **di** hinzu.*

1. ~ Avete visto il nuovo videoclip
   degli Avion Travel?
   ≈ Io sì, loro due _____ so.

2. ~ Tu ascolti la musica jazz?
   ≈ Normalmente _____ .
   E tu l'ascolti?
   ~ _____ , la musica jazz proprio
   _____ l'ascolto mai.

3. ~ Hai preso la medicina, oggi?
   ≈ _____ , oggi _____ l'ho ancora
   presa.

4. ~ Secondo te è troppo tardi per
   telefonare al dottor Panzini?
   ≈ Penso _____ .
   ~ _____ lo disturbo, allora.
   ≈ _____ , _____ credo.

5. ~ Vuoi una pasta?
   ≈ Grazie, ma a quest'ora _____
   mangio niente.
   ~ _____ vuoi ingrassare, vero?
   ≈ Ma _____ ! _____ la prendo
   perché stasera sono invitata a cena
   e se prendo una pasta adesso,
   stasera _____ ho appetito.

2. Zusammenfügen

Hier geht es um eine gewisse Claudia. Sie erfahren etwas über sie, wenn Sie die Satzteile jeweils zu einem Aussagesatz zusammenfügen.

1. 25 anni   Claudia   ha .

   _____

2. sposarsi   vuole   ancora   non .

   _____

3. è innamorata   di nessuno   non .

   _____

4. mai   in casa   la sera   è   non .

   _____

5. va   il sabato sera   in discoteca .

   _____

6. fa   niente   la domenica   non   .

_____

7. una passeggiata   fa   nemmeno   non   .

_____

8. un appartamento   sta cercando   in città   .

_____

9. abitare   più   fuori città   vuole   non   .

_____

3. Ergänzen

Ergänzen Sie die folgenden Fragen mit dem jeweils passenden Fragepronomen. Drei Fragepronomen bleiben übrig.

A chi	Quando	Che	Come	Da dove	Dove	Perché	Quanto
	Quanti	Qual è		Da quanto tempo	Di dove		

1. _____ ti chiami?

2. _____ sei?

3. _____ abiti?

4. _____ anni hai?

5. _____ lavoro fai?

6. _____ sei qui a Roma?

7. _____ il tuo numero di telefono?

8. _____ possiamo rivederci?

9. _____ non vuoi rispondermi?

4. Übersetzen

Übersetzen Sie folgende Fragen ins Italienische.

1. Darf ich Sie etwas fragen?   _____

2. Wie viel kosten diese Schuhe?   _____

3. Welcher Bus fährt zum Bahnhof?   _____

4. Wie spät ist es?   _____

5. Um wie viel Uhr fängt der Film an?   _____

6. Gefällt Ihnen Deutschland?   _____

Der Relativsatz

Come si chiama la collega **che ha tele-fonato ieri?**

Marta è la collega **con cui ho fatto il viaggio in Sicilia.**

Wie heißt die Kollegin, die gestern angerufen hat?

Marta ist die Kollegin, mit der ich die Sizilienreise gemacht habe.

Haben Sie bemerkt, dass in den beiden italienischen Beispielen kein Komma vor dem Relativsatz steht?

Im Italienischen werden die meisten Relativsätze ohne Komma an den Hauptsatz angeschlossen. Nur Relativsätze, deren Informationen für das Verständnis des Hauptsatzes unwichtig sind, werden durch Kommas abgetrennt, z. B.:

Ieri ho incontrato Maria, **che non vedevo da tempo.**
Gestern habe ich Maria getroffen, die ich schon seit langem nicht gesehen habe.
Marta, **che amava tanto la sua vita da single,** si è sposata un mese fa.
Marta, die so sehr ihr Leben als Single liebte, hat vor einem Monat geheiratet.

Non mi piacciono i film **che** finiscono male.
Hai già letto il libro **che** ti ho regalato?
Mario è il ragazzo **di cui** ti ho parlato.

Relativsätze werden durch Relativpronomen eingeleitet. Das Relativpronomen steht in der Regel unmittelbar nach dem Substantiv, auf das es sich bezieht.

Der Relativsatz mit che

*Die meisten Relativsätze werden von dem Relativpronomen **che** eingeleitet. **Che** ist unveränderlich und kann:*

C'è un signore **che** vuole parlare con te.
Quanto costa la borsetta nera **che** è in vetrina?

– *Subjekt sein in der Bedeutung „der", „die", „das", „welche(r, s)".*

Le pesche **che** ho comprato al mercato sono dolcissime.
Questo è il cd **che** mi ha regalato Piero.

– *Objekt sein in der Bedeutung „den", „die", „das", „welche(n, s)".*

160

Der Relativsatz mit cui

Chi sono i ragazzi **con cui** esci ogni sera?
Come si chiama il film **di cui** mi hai
  parlato ieri sera?
Roma è una città **in cui** mi piacerebbe
  vivere.

*Cui ist unveränderlich und wird bei
Relativsätzen zusammen mit einer
Präposition verwendet.*

Carla è l'amica **(a) cui** mando sempre gli
  auguri di Natale.

*Die Präposition a kann weggelassen
werden. Dies ist der einzige Fall, in
dem cui alleine stehen kann.*

---

*Wenn in cui eine örtliche Bedeutung hat, dann können Sie es mit dove (wo)
ersetzen:*

Roma è una città **in cui** mi piacerebbe vivere.
Roma è una città **dove** mi piacerebbe vivere.

*Rom ist eine Stadt, in der ich
gerne leben würde.*

Der Relativsatz mit il quale, la quale, i quali, le quali

È un programma **con il quale** si lavora molto bene.
È quello l'uomo **del quale** si è innamorata Chiara?
La Francia è un paese **nel quale** si vive bene.
Mio padre è un uomo **al quale** è difficile non dire la
  verità.
La ditta **per la quale** lavoro è tedesca.

*Il quale, la quale, i quali
und le quali können
anstelle von cui stehen.
Sie richten sich in
Geschlecht und Zahl
nach dem Substantiv,
auf das sie sich bezie-
hen.*

161

Der Relativsatz mit chi

Chi scrive molto ha bisogno del computer.
Chi desidera partecipare alla gita lo dica al receptionist.
Chi tornerà dopo mezzanotte troverà la porta chiusa.

Non presto la macchina **a chi** non conosco.

Chi bedeutet „wer". Wie im Deutschen wird **chi** *nur im verallgemeinernden Sinn benutzt und kann sich nicht auf eine bestimmte Person beziehen.*

Chi wird auch mit Präpositionen benutzt.

Der Relativsatz mit quello che, ciò che

Ciò che vorrei sapere, è la tua opinione sul nuovo governo.
Non è piaciuto **quello che** ha detto il direttore.
È tutto **quello che** sappiamo.

Ho pensato **a quello che** mi hai raccontato ieri.

Quello che und ciò che sind unveränderlich. Sie haben dieselbe Bedeutung und werden auf Deutsch mit „(das,) was" übersetzt.

Quello che und ciò che werden auch mit Präpositionen benutzt.

Der Relativsatz mit il che

Stamattina ha telefonato il dott. Renzi, **il che** mi ha fatto molto piacere.
Carla vuole perdere dieci chili, **il che** non sarà facile.

Il che ist unveränderlich. Es bezieht sich auf den ganzen vorhergehenden Satz und wird im Deutschen mit „was" oder „und das" übersetzt.

Der Relativsatz mit il cui, la cui, i cui, le cui

La prima città italiana **il cui** centro storico è stato chiuso al traffico è Bologna.
La Sardegna è una regione **la cui** bellezza attira molti turisti.

La ditta **dei cui** prodotti sto parlando si trova nel Friuli.

Il cui, la cui, i cui und *le cui* richten sich in Geschlecht und Zahl nach dem nachfolgenden Substantiv. Im Deutschen werden Sie mit „dessen" oder „deren" wiedergegeben.*

Il cui, la cui, i cui und *le cui* werden auch mit Präpositionen gebraucht.*

Sie haben vielleicht festgestellt, dass in den aufgeführten Relativsätzen immer der Indikativ steht. Es gibt allerdings Fälle, in denen im Relativsatz der Congiuntivo stehen muss, z. B.:

Sandro è l'unico **a cui si possa** dire la verità.
Sandro ist der einzige, dem man die Wahrheit sagen kann.
Voglio una camera **che dia** sul cortile.
Ich will ein Zimmer, das zum Hof liegt.

 *Näheres dazu erfahren Sie im Kapitel „Der **Congiuntivo".**

Der Bedingungssatz

Se c'è nebbia, prendo il treno.

Se tu facessi un po' di sport, staresti meglio.

Se aveste telefonato, saremmo venuti a prendervi.

Falls es Nebel hat, fahre ich mit dem Zug.
Wenn du ein wenig Sport treiben würdest, würde es dir besser gehen.
Wenn ihr angerufen hättet, hätten wir euch abgeholt.

Es gibt reale und irreale Bedingungssätze. Sie bestehen aus Haupt- und Nebensatz. Der Nebensatz, in diesem Fall auch **se**-*Satz genannt, drückt eine Bedingung aus. Die daraus resultierende Folge enthält der Hauptsatz. Der Hauptsatz kann auch vor dem* **se**-*Satz stehen:*

Prendo il treno, **se c'è nebbia.**
Staresti meglio, **se facessi un po' di sport.**
Saremmo venuti a prendervi, **se aveste telefonato.**

Der reale Bedingungssatz

Se c'è nebbia, prendo il treno.
Se fa bel tempo, faremo una gita.
Se hai bisogno di qualcosa, chiamami.

Den realen Bedingungssatz benutzen Sie, wenn Sie von einer möglichen Bedingung ausgehen und daraus eine erfüllbare Schlussfolgerung ziehen.

Bei der Bildung des realen Bedingungssatzes gilt folgende Zeitenfolge:

Im **se**-*Satz steht das Präsens und im Hauptsatz:*
– steht das Präsens, wenn die Folge gleichzeitig eintritt.
– steht das Präsens oder das Futur I, wenn die Folge in der Zukunft eintreten wird.
– steht der Imperativ, wenn eine Aufforderung folgt.

se-Satz	Hauptsatz
Se mi **accompagni,**	mi **fai** piacere.
Se **sai** l'inglese,	**trovi/troverai** facilmente lavoro.
Se non **stai** bene,	**dimmelo.**

Se tu facessi un po' di sport, staresti
meglio.
Se conoscessi la verità, te la **direi.**
Se tu avessi letto il giornale, saresti
informato.
Se ti fossi messo il cappotto, non ti
saresti ammalato.

*Den irrealen Bedingungssatz benut-
zen Sie, wenn Sie von einer unwahr-
scheinlichen oder unmöglichen
Bedingung ausgehen und daraus
eine unwahrscheinliche oder uner-
füllbare Schlussfolgerung ziehen.*

*Bei der Bildung des irrealen
Bedingungssatzes gilt fol-
gende Zeitenfolge:*

se-Satz	Hauptsatz
Se non **piovesse,** **Se fossi** più snella,	**usciremmo.** **metterei** il bikini.

*Wenn sich die unwahrscheinli-
che oder unmögliche Bedin-
gung auf die Gegenwart
bezieht, dann steht im se-Satz
der Congiuntivo imperfetto
und im Hauptsatz das Kondi-
tional I.*

*Wenn sich die Bedingung auf
die Vergangenheit bezieht,
dann steht im se-Satz der
Congiuntivo trapassato und im
Hauptsatz:*
*– steht das Konditional I, wenn
die Folge in der Gegenwart
eintreten würde.*
*– steht das Konditional II,
wenn die Folge in der
Vergangenheit eingetreten
wäre.*

se-Satz	Hauptsatz
Se fossimo partiti prima,	adesso **saremmo** già a casa.
Se aveste fatto attenzione,	non **sarebbe suc- cesso** niente.

*In der Umgangssprache werden bei irrealen Bedingungssätzen in der Vergangen-
heit der Congiuntivo trapassato und das Konditional II oft durch das Imperfetto
ersetzt.*

Se facevate attenzione, non **succedeva** niente.

Die indirekte Rede

Sandro **dice che sta meglio.**

Sandro **disse che stava meglio.**

Sandro sagt, dass es ihm besser geht/ gehe.

Sandro sagte, dass es ihm besser ginge.

*Die indirekte Rede wird durch ein redeeinleitendes Verb, d. h. ein Verb des Sagens bzw. des Schreibens und **che** eingeleitet, wie z. B. **dire, promettere, raccontare, rispondere, spiegare** und **scrivere**. Die Zeit, in der das redeeinleitende Verb steht, bestimmt die Zeitenfolge bei der indirekten Rede.*
Im Italienischen verwendet man in der indirekten Rede nur in seltenen Fällen den **Congiuntivo.**

Indirekte Rede mit Hauptsatz im Präsens, Futur oder Passato prossimo

Direkte Rede:
Cinzia: „**Sono** contenta." Präsens
„**Ho trovato** lavoro." Passato prossimo

„**Dovrò** trasferirmi in Belgio." Futur I

Indirekte Rede:
Cinzia **dice/dirà/ha detto**
che è contenta. Präsens
che ha trovato lavoro. Passato prossimo
che dovrà trasferirsi in Belgio. Futur I

Wenn das redeeinleitende Verb im Präsens oder Futur steht, dann benutzt man in der indirekten Rede dieselbe Zeit wie in der direkten Rede.

*Steht das redeeinleitende Verb im **Passato prossimo,** dann benutzt man in der indirekten Rede dieselbe Zeit wie in der direkten Rede, wenn die Aussage des Nebensatzes immer noch gültig ist.*

*Wann ist die Aussage des **Passato prossimo** in der Gegenwart gültig und wann nicht?*

Die Aussage im Nebensatz gilt immer noch, wenn in der Zwischenzeit nichts Neues eingetreten ist, z. B.:

Cinzia **ha detto** che adesso è **contenta.**
Cinzia hat gesagt, dass sie jetzt froh ist.

Cinzia **ha detto** che **ha trovato** lavoro. Comincerà domani.
Cinzia hat gesagt, dass sie Arbeit gefunden hat. Sie wird morgen anfangen.
Quando mio padre è andato in pensione, **ha detto** che **farà** un viaggio attraverso
l'Australia. Ieri è andato in un'agenzia di viaggio.
Als mein Vater in Rente gegangen ist, hat er gesagt, dass er eine Reise durch
Australien machen wird. Gestern ist er in ein Reisebüro gegangen.

*Wenn hingegen nach dem **Passato prossimo** die Aussage im Nebensatz der Ver-*
gangenheit angehört und somit nicht mehr gültig ist, weil in der Zwischenzeit
etwas Neues eingetreten ist, dann verändern sich die Zeiten des Nebensatzes, z. B.:

Cinzia **ha detto** che ieri **era contenta**. Adesso purtroppo non lo è più.
Cinzia hat gesagt, dass sie gestern froh war. Jetzt ist sie es leider nicht mehr.
Cinzia **ha detto** che **aveva trovato** lavoro. Adesso però è di nuovo disoccupata.
Cinzia hat gesagt, dass sie Arbeit gefunden hatte. Jetzt ist sie aber wieder
arbeitslos.
Quando mio padre è andato in pensione, **ha detto** che **avrebbe fatto** un viaggio
attraverso l'Australia. Purtroppo ha dovuto rinunciarvi per motivi di salute.
Als mein Vater in Rente gegangen ist, hat er gesagt, dass er eine Reise durch
Australien machen würde. Leider musste er aus gesundheitlichen Gründen
darauf verzichten.

Indirekte Rede mit Hauptsatz in einer Vergangenheitsform

Direkte Rede:
Cinzia: „**Sono** contenta."	Präsens
„**Ho trovato** lavoro."	Passato prossimo
„**Dovrò** trasferirmi in Belgio."	Futur I

Indirekte Rede:
Cinzia **diceva/ha detto/disse/ aveva detto**
che era contenta.	Imperfetto
che aveva trovato lavoro.	Trapassato prossimo
che avrebbe dovuto trasferirsi in Belgio.	Konditional II

Zu den Vergangenheitsfor-
*men gehören das **Imperfetto**,*
*das **Passato prossimo**, das*
*Passato remoto** und das **Tra-*
*passato prossimo.** *

Wenn das redeeinleitende
Verb in einer Vergangenheits-
form steht, dann verändern
sich in der indirekten Rede die
meisten Zeiten.
*Beim **Passato prossimo** gehört*
in diesem Fall die Aussage des
Nebensatzes der Vergangen-
heit an und hat für die
Gegenwart keine Gültigkeit
mehr.

Lelio: „Mi **piace** la Germania."
Lelio **diceva/ha detto/disse/aveva detto che** gli
  piaceva la Germania.

Lelio: „**Ho** già **visitato** varie città."
Lelio **diceva/ha detto/disse/aveva detto che aveva** già
  visitato varie città.

Lelio: „Quest'anno **andrò** a Berlino."
Lelio **diceva/ha detto/disse/aveva detto che**
  quell'anno **sarebbe andato** a Berlino.

Lelio: „Mi **piacerebbe** vivere a Monaco."
Lelio **diceva/ha detto/disse/aveva detto che** gli
  sarebbe piaciuto vivere a Monaco.

Lelio: „Quando **ero** piccolo mi **sarebbe piaciuto** vivere
  ad Amburgo."
Lelio **diceva/ha detto/disse/aveva detto che** quando
  era piccolo gli **sarebbe piaciuto** vivere ad Amburgo.

Lelio: „**Ero stato** ad Amburgo con i miei genitori."
Lelio **diceva/ha detto/disse/aveva detto che era stato**
  ad Amburgo con i suoi genitori.

*Im Nebensatz ändern
sich folgende Zeiten:*

– *Präsens wird zu*
  Imperfetto,

– ***Passato prossimo***
  wird zu ***Trapassato***
  prossimo,

– *Futur I wird zu Kon-*
  ditional II,

– *Konditional I wird zu*
  Konditional II.

*Folgende Zeiten blei-
ben gleich:*

– ***Imperfetto** bleibt*
  Imperfetto,
– *Konditional II bleibt*
  Konditional II,

– *Plusquamperfekt*
  bleibt Plusquamper-
  fekt.

Die indirekte Frage

Sandro **chiede se vogliamo un aperi-**
  tivo.
Sandro **chiese se volevamo un aperi-**
  tivo.

*Sandro fragt, ob wir einen Aperitif
  wollen.*
*Sandro fragte, ob wir einen Aperitif
  wollten.*

Lalla **ha chiesto quanto** vino deve
  comprare.
Dario mi **ha domandato se** può avere la
  macchina.
Mia madre **vuole sapere dove** andremo
  in vacanza.

*Die indirekte Frage wird durch **chie-**
*dere, domandare** oder **voler sapere**
*eingeleitet, gefolgt von **se** oder
*einem Fragepronomen, z. B. **(che)**
***cosa, come, dove, quando, quanto**
usw.

168

Für die Zeitenfolge in der indirekten Frage gelten ähnliche Regeln wie in der indirekten Rede. Die Unterscheidung beim Passato prossimo in der indirekten Rede zwischen noch gültiger und nicht mehr gültiger Aussage im Nebensatz entfällt jedoch. Bei der indirekten Frage kann man sowohl die eine als auch die andere Zeitenfolge wählen.

Lalla: „**Posso** disturbarti?''	Präsens	
„Cosa **hai comprato?**''	Passato prossimo	
„Quando **partirai?**''	Futur I	

Lalla mi **chiede/chiederà/ha chiesto**

se **può** disturbarmi.	Präsens
cosa **ho comprato.**	Passato prossimo
quando **partirò.**	Futur I

*Wenn das frageeinleitende Verb im Präsens, Futur I oder **Passato prossimo** steht, dann benutzt man in der indirekten Frage dieselbe Zeit wie in der direkten Frage.*

Lalla: „**Posso** disturbarti?''	Präsens
„Cosa **hai comprato?**''	Passato prossimo
„Quando **partirai?**''	Futur I

Lalla mi **chiedeva/ha chiesto/chiese/aveva chiesto**

se **poteva** disturbarmi.	Imperfetto
cosa **avevo comprato.**	Trapassato prossimo
quando **sarei partito.**	Konditional II

*Steht das frageeinleitende Verb in einer Vergangenheitsform, z. B. Imperfekt, **Passato prossimo, Passato remoto, Trapassato prossimo,** dann verändern sich im Nebensatz der indirekten Frage die Zeiten wie im Nebensatz der indirekten Rede, d. h.*
*– Präsens wird zu **Imperfetto,***
*– **Passato prossimo** wird zu **Trapassato prossimo***
– und Futur I wird zu Konditional II.

Lalla: „**Posso** disturbarti?''	Präsens
„Cosa **hai comprato?**''	Passato prossimo

Lalla mi **chiedeva/ha chiesto/chiese/aveva chiesto**

se **potesse** disturbarmi.	Congiuntivo imperfetto
cosa **avessi comprato.**	Congiuntivo trapassato

*Wenn das frageeinleitende Verb in einer Vergangenheitsform steht, dann wird in der gehobenen Sprache anstelle des **Imperfetto** der **Congiuntivo imperfetto** benutzt und anstelle des **Trapassato prossimo** steht der **Congiuntivo trapassato.***

L'insegnante **ci dirà di lavorare di più.**

Mio padre **mi disse di non tornare a casa troppo tardi.**

I genitori **mi dissero di fare attenzione.**

Der Lehrer wird (uns) sagen, wir sollen mehr arbeiten.
Mein Vater sagte (mir), ich soll nicht zu spät nach Hause kommen.
Die Eltern sagten (mir), ich soll aufpassen.

Carlo **mi ha detto di lasciarlo** in pace.
Luciana **mi pregò di accompagnarla** alla stazione.
Nostro padre **ci ha ordinato di non disturbarlo.**
I genitori **ci raccomandano di non lasciare** le finestre aperte.

Eros: ,,Ascoltami, per favore!''
Eros **mi dice/dirà/ha detto di ascoltarlo.**
Eros **mi diceva/ha detto/disse/aveva detto di ascoltarlo.**

*Die indirekte Aufforderung wird durch **dire, pregare, ordinare** oder **raccomandare** eingeleitet, gefolgt von **di** + Infinitiv oder gefolgt von **di + non** + Infinitiv bei einer verneinten Aufforderung.*

*Bei der indirekten Aufforderung mit **di + (non)** + Infinitiv hat die Zeitform des einleitenden Verbs keinen Einfluss auf den Nebensatz.*
Das Verb des Nebensatzes bleibt immer im Infinitiv.

Bei der indirekten Rede werden im Italienischen wie im Deutschen einige Elemente der neuen Perspektive angepasst:

Carlo: ,,Ezio, **vuoi venire** a casa **mia domani** sera? **Ti presenterò mia** sorella.''
Ezio: ,,Carlo mi chiede se **voglio andare** a casa **sua** domani sera. **Mi presenterà sua** sorella.''
Ezio: ,,Carlo mi chiese se **volevo andare** a casa **sua l'indomani** sera. **Mi avrebbe presentato sua** sorella.''

---

1. Ergänzen

Ergänzen Sie die Sätze mit Hilfe der angegebenen Relativpronomen.

1. C'è una città tedesca _____ Le piacerebbe vivere?

2. Ci sono persone _____ non telefona volentieri?

3. Ci sono cose _____ Lei non potrebbe mai mangiare?

4. Conosce una persona _____ può parlare di tutto?

5. Ci sono animali _____ ha particolarmente paura?

6. C'è uno scrittore _____ Le piace particolarmente.

che
con cui
a cui
che
in cui
di cui

2. Erkennen

Erkennen Sie die irrealen Bedingungssätze? Kreuzen Sie sie an.

1. ☐ Non ti avrei mai detto la verità, se avessi saputo quanto ti saresti arrabbiato.

2. ☐ Se non troviamo un taxi, dobbiamo tornare a piedi.

3. ☐ Se non avessi partecipato al torneo di tennis, non ti avrei mai conosciuto.

4. ☐ Non avresti il raffreddore se ti fossi messo il cappotto.

5. ☐ Appena saremo a casa ti manderemo una e-mail.

6. ☐ Che ne dite, andiamo al lago se domenica fa bel tempo?

7. ☐ Se mi aspettate vengo con voi.

8. ☐ Andrei io a fare la spesa se non dovessi andare dal medico.

3. Vervollständigen

*Vervollständigen Sie die Sätze, indem Sie die Verben in Klammern ins Präsens oder in den **Congiuntivo imperfetto** setzen. Benutzen Sie dieselbe Person, die im jeweiligen Hauptsatz steht.*

1. Se *(arrivare)* _____ prima dell'una, potete mangiare con noi.

2. Cercherei un altro lavoro se *(essere)* _____ più giovane.

3. Se *(venire)* _____ con noi in piscina, non ti annoierai di certo.

4. Sabrina sarebbe più snella se *(rinunciare)* _____ ai dolci.

5. Se *(prendere)* _____ un taxi, arriviamo in tempo.

6. Avresti più tempo per leggere se (guardare) _____ meno la televisione.

7. Fabrizio non ti telefonerebbe tutti i giorni se non ti (amare) _____ .

4. Umformen

a.) Berichten Sie, was Claudio erzählt, indem Sie die Sätze in die indirekte Rede umformen.

> 1. Ho conosciuto una ragazza molto interessante. 2. Mi sono innamorato di lei. 3. Ci vediamo tutti i giorni. 4. Quando non ci vediamo ci telefoniamo. 5. Chissà se un giorno ci sposeremo? 6. A me, comunque, piacerebbe vivere con lei.

1. Claudio racconta che _____ .

2. Dice che _____ .

3. E che _____ .

4. Dice anche che _____ .

5. Claudio si chiede se _____ .

6. Alla fine dice che _____ .

b.) Einige Jahre später erinnern Sie sich noch an das, was Ihnen Claudio gesagt hat und erzählen es einem Freund.

1. Claudio aveva raccontato che _____ .

2. Aveva detto che _____ .

3. E che _____ .

4. Aveva anche detto che _____ .

5. Claudio si era chiesto se _____ .

6. Alla fine aveva detto che _____ .

5. Zuordnen

Ordnen Sie die direkten Aufforderungen ihren indirekten Entsprechungen zu.

1. Carlo: ,,State attenti!''
2. Carlo: ,,Aiutami!''
3. Carlo: ,,Sta' attento!''
4. Carlo: ,,Aiutatemi!''

a. Carlo ci ha detto di aiutarlo.
b. Carlo mi ha detto di aiutarlo.
c. Carlo ci ha detto di stare attenti.
d. Carlo mi ha detto di stare attento.

1.	2.	3.	4.

Präpositionen

Come specialità abbiamo il fegato **alla** veneziana.
Abito **nella** casa **dei** genitori.

Als Spezialität haben wir Leber auf venezianische Art.
Ich wohne im Haus der Eltern.

A, da, di, in und *su* können sich mit dem bestimmten Artikel verbinden, z. B.
a + la → alla, di + i → dei.

 Einen Überblick über die Verbindungsmöglichkeiten mit dem bestimmten Artikel finden Sie in dem Kapitel „Der Artikel".

Die Präposition a

A wird verwendet:

Ho scritto **a** Gianna.
Che cosa regaliamo **al** nonno?

– *zur Angabe des indirekten Objekts.*

Prima siamo andati **a** Napoli, poi **a** Capri.
Ci vediamo **al** bar?
Mi piace mangiare **al** ristorante.
Vengo a prenderti **alla** stazione.

– *als Orts- und Richtungsangabe bei Städten, Ortschaften und kleinen Inseln sowie bei zahlreichen anderen Orts- und Richtungsangaben.*

Accanto al cinema c'è un bar.
Abito **vicino all'**ospedale.

– *zusammen mit zahlreichen Ortspräpositionen.*

L'albergo è **a** 300 metri dalla spiaggia.

– *um die Entfernung anzugeben.*

Gli spaghetti **alla** carbonara sono ottimi.
Vado in ufficio **a** piedi.

– *um die Art und Weise zu bezeichnen.*

Vorrei provare quel vestito **a** righe.
Sul lago ci sono molte barche **a** vela.
Con le gonne porto solo le scarpe **a** tacco alto.

– *zur Bildung zusammengesetzter Substantive, bei denen das zweite Substantiv ein Merkmal des ersten Substantivs angibt.*

A Natale e **a** Pasqua andiamo al mare.
Alle quattro devo essere dal medico.
Mia madre si è sposata **a** vent'anni.

– *als Zeitangabe und in Verbindung mit **anno** bzw. **anni** als Altersangabe in der Bedeutung „mit ... Jahren".*

Ci vediamo due volte **alla** settimana. Il prezzo della camera è di 65 euro **al** giorno e **a** persona.	– *zur Angabe der Häufigkeit und im Sinne von „pro".*
Sei riuscito **a** leggere il giornale? Carlo si è preparato **all'**esame.	– *nach bestimmten Verben.*

Die Präposition con

Con wird verwendet:

Chi gioca a carte **con** me? A pranzo c'era una bistecca **con** patate.	– *in der Bedeutung „mit".*
Ezio lavora sempre **con** grande serietà. Vi incontro **con** piacere.	– *zur Angabe der Art und Weise.*
Con questo chiasso non ci si può concentrare. **Con** questo tempo si sta volentieri a casa.	– *in der Bedeutung „bei", wenn ein Zustand beschrieben wird.*

Die Präposition da

Da wird verwendet:

Questo film è stato lodato **dalla** critica. La conferenza verrà tenuta **dal** dott. Renzi.	– *um beim Passiv den Urheber der Handlung anzugeben.*
Saremo **da** voi alle sette. Alle due devo essere **dal** medico.	– *als Orts- und Richtungsangabe bei Personen.*
Torno **dall'**ufficio verso le sette. Ho saputo **dalla** radio che ha vinto la Germania.	– *zur Angabe des Ausgangsortes und der Herkunft.*

*Wenn mit Herkunft der Heimatort gemeint ist, dann nimmt man die Präposition **di**:*

Sono **di** Napoli.   *Ich komme aus Neapel.*

Per andare a Torino passiamo **dal** Gran San Bernardo. I ladri sono passati **dalla** finestra.	– *in Verbindung mit **passare** in der Bedeutung „über", „durch".* 
Mio zio mi ha regalato dei bicchieri **da** cognac. La camera **da** letto è in fondo al corridoio. Hai visto i miei occhiali **da** sole?	– *zur Bildung zusammengesetzter Substantive, bei denen das zweite Substantiv den Verwendungszweck des ersten Substantivs bezeichnet.*
Quella ragazza **dagli** occhi azzurri mi piace. Carlo è un ragazzo **dalla** volontà di ferro.	– *um bei Personen ein körperliches oder charakterliches Merkmal zu bezeichnen.*
Abito in una villetta **dalle** persiane azzurre. Vorrei cambiare un biglietto **da** 500 euro.	– *um bei Sachen ein äußerliches oder wertbezogenes Merkmal anzugeben.*
C'è gente che piange **dalla** gioia. Mentre aspettavo il treno tremavo **dal** freddo.	– *zur Angabe der Ursache.*
Pia è a letto con la febbre **da** lunedì. Sono sposata **da** quattro anni.	– *in der Bedeutung „seit".*
La lezione è **dalle** otto **alle** nove. Ho lavorato **dalla** mattina **alla** sera.	– *in Verbindung mit **a** zur Angabe eines Zeitabschnittes.*
Da bambino mi piacevano i pomodori. **Da** studente dormivo molto.	– *in Bezug auf Personen in der Bedeutung „als".*
Il direttore mi tratta **da** amico. Carlo si comporta **da** vero gentiluomo.	– *in der Bedeutung „wie" bei Verhaltensweisen.*

Die Präposition di

Di *wird verwendet:*

La casa **dei** miei genitori è nel centro. Questa è la camera **di** Emma.	– *um Zugehörigkeit und Besitz anzugeben.*
Hai visto la chiave **della** macchina? Il professore **d'**inglese è giovane.	– *zur Bildung zusammengesetzter Substantive.*

Zusammengesetzte Substantive werden auf verschiedene Arten gebildet. Neben der Bildung mit den Präpositionen **a (la barca a vela), da (il bicchiere da cognac)** *und* **di (il numero di telefono)** *gibt es auch u. a. die Aneinanderreihung von zwei Substantiven ohne Präposition, z. B.* **il vagone letto** *(der Schlafwagen),* **l'ufficio informazioni** *(das Informationsbüro),* **la conferenza stampa** *(die Pressekonferenz).*

Mi dia un chilo **di** pere, per favore. | – *bei Mengenangaben.*

Per il pranzo di Natale ho preparato qualcosa **di** speciale.
Non dice niente **di** interessante. | – *in Verbindung mit* **qualcosa** *bzw.* **niente** *zur Wiedergabe von „etwas + Substantiv" bzw. „nichts + Substantiv".*

Pia è **di** Pisa, suo marito è **di** Parma.
Lei è **del** Sud, lui **del** Nord. | – *um die Herkunft anzugeben.*

Ho un figlio **di** vent'anni e una figlia **di** otto.
Ho bevuto un vino **di** quindici anni. | – *zur Altersangabe in der Bedeutung „-jährig" und „... Jahre alt".*

Leo lavora **di** notte e dorme **di** giorno.
Di sera lavoro meglio che **di** mattina.
D'estate non mi piace viaggiare. | – *zur Angabe der Tages- und Jahreszeit.*

Die Jahreszeiten können ohne Bedeutungsunterschied mit **in** *angegeben werden:*
d'estate/**in** estate   **d'**autunno/**in** autunno   **d'**inverno/**in** inverno

Ho ricevuto un orologio **d'**oro.
Mio padre ha una cravatta **di** seta. | – *zur Angabe des Materials.*

La notte **prima dell'**esame ho dormito pochissimo.
A sinistra della chiesa c'è il cimitero. | – *in Verbindung mit einigen örtlichen und zeitlichen Präpositionen.*

Ricordati **di** telefonare al medico!
Non ho voglia **di** uscire, stasera. | – *nach bestimmten Verben und Ausdrücken.*

Die Präposition in

	In wird verwendet:
Tanti italiani sono emigrati **in** America e **in** Australia. Abbiamo dei parenti **in** Francia. Quest'estate andremo **in** Sicilia. È bello andare **in** montagna in autunno.	– *als Orts- und Richtungsangabe bei Kontinenten, Ländern und Regionen sowie bei zahlreichen weiteren Orts- und Richtungsangaben.*
Non vado mai in ufficio **in** macchina. Preferisco andarci **in** bicicletta o **in** tram.	– *zur Angabe der Fortbewegungsart bei Verkehrsmitteln.*
In agosto saremo al mare. **In** primavera può ancora nevicare.	– *bei Monaten und Jahreszeiten.*
Mi sono sposata **nel** 1986. **Nel** '900 ci sono state due guerre mondiali. La villa è stata costruita **negli** anni Venti.	– *zur Angabe von Jahreszahlen, Jahrhunderten und Epochen.*
Conosci un dessert che si fa **in** pochi minuti?	– *in der zeitlichen Bedeutung „innerhalb".*
Il menu è scritto **in** italiano, **in** tedesco e **in** inglese.	– *um anzugeben, in welcher Sprache etwas ausgedrückt wird.*

Die Präposition per

	Per wird verwendet:
~ **Per** chi è l'aranciata? ≈ **Per** la bambina.	– *zur Wiedergabe von „für".* 
Ti telefono **per** scusarmi.	– *zur Wiedergabe von „um zu".*
Hans è a Roma **per** motivi di lavoro. La ringrazio **per** il Suo aiuto.	– *zur Angabe des Grundes.*
Il traghetto **per** Olbia è già partito. Quando partite **per** Londra? Prima di continuare **per** la Sicilia ci fermiamo un po' a Napoli.	– *in Verbindung mit Verkehrsmitteln oder mit Verben wie **partire** und **continuare** zur Angabe der Zielrichtung.*
Abbiamo camminato **per** la campagna. Aldo ha viaggiato **per** tutta l'Europa.	– *mit **camminare** und **viaggiare** in der Bedeutung „über", „durch".*

177

*Verwechseln Sie nicht **passare da** + Ortsangabe mit **camminare** bzw. **viaggiare per** + Ortsangabe.*
***Passare da** + Ortsangabe bedeutet durch einen Ort, eine Ortschaft oder Region und darüber hinaus gehen. Bei **camminare** bzw. **viaggiare per** + Ortsangabe hingegen, bleibt man innerhalb der Grenzen eines Gebietes.*
***Passare da** + Ortsangabe kann auch mit **passare per** + Ortsangabe wiedergegeben werden, z. B.:*

Per andare a Basilea **siamo passati per** la Francia/**dalla** Francia.
Um nach Basel zu fahren, sind wir durch Frankreich gefahren.

*Bei **camminare** bzw. **viaggiare per** + Ortsangabe kann die Präposition **per** nicht durch **da** ersetzt werden.*

Le mando la conferma **per** fax.	*– zur Angabe des Mittels.*
Abbiamo camminato **per** ore e ore. Ha piovuto **per** tutta la notte.	*– zur Angabe der Dauer.*
La traduzione deve essere fatta **per** domani. **Per** le otto la cena sarà pronta.	*– zur Angabe eines Zeitpunktes.*

Die Präposition su

Su wird verwendet:

Siamo saliti **sull'**Etna. **Sull'**autostrada c'è molto traffico. La mia camera dà **sul** giardino.	*– als Orts- und Richtungsangabe.*
È una donna **sui** cinquant'anni. Abbiamo speso **sui** 1000 euro. Toni pesa **sugli** ottanta chili, penso.	*– als ungefähre Alters-, Preis- und Maßangabe.*
Ho visto un documentario **sugli** elefanti. La conferenza è **sui** giovani.	*– um anzugeben, worüber gesprochen bzw. geschrieben wird.*
Su, vieni! **Su,** svelto! **Su** con il morale!	*– in der Umgangssprache bei Aufforderungen.*

Die Zahlen

Die Grundzahlen

0	zero	18	diciotto	50	cinquanta
1	uno	19	diciannove	60	sessanta
2	due	20	venti	70	settanta
3	tre	21	ventuno	80	ottanta
4	quattro	22	ventidue	90	novanta
5	cinque	23	ventitré	100	cento
6	sei	24	ventiquattro	101	centouno
7	sette	25	venticinque	108	centootto
8	otto	26	ventisei	200	duecento
9	nove	27	ventisette	300	trecento
10	dieci	28	ventotto	460	quattrocentosessanta
11	undici	29	ventinove	1000	mille
12	dodici	30	trenta	2000	duemila
13	tredici	31	trentuno	3100	tremilacento
14	quattordici	32	trentadue	1.000.000	un milione
15	quindici	33	trentatré	2.000.000	due milioni
16	sedici	38	trentotto	1.000.000.000	un miliardo
17	diciassette	40	quaranta	2.000.000.000	due miliardi

Haben Sie bemerkt, dass fast alle Grundzahlen unveränderlich sind?
*Veränderlich sind lediglich **mille, milione** und **miliardo**:*

mille → tre**mila,** un milion**e** → tre milion**i,** un miliard**o** → quattro miliard**i**

Il tredici mi porta fortuna.
Il numero vincente è **il ventotto.**

Als Substantive sind die Grundzahlen männlich.

Wenn ein Zahlwort vor einem Substantiv steht, dann:

Io prendo **un** tè, Gianni prende **una** birra, Emma **un'**aranciata e Lucio **uno** spumante.

*– verhält sich **uno** wie der unbestimmte Artikel.*

179

Sergio ha ventun anni.
Fino a Natale ci sono quarantun giorni.
Il libro ha novantun pagine.

– *entfällt bei Zehnerzahlen, die mit* **uno** *verbunden sind, in der Regel das* **-o** *am Ende des Zahlwortes.*

1.000.000	un milione **di** macchine
4.000.000.000	quattro miliardi **di** persone
3.530.000	tre milioni cinquecento- trentamila euro

– *wird nach* **milione** *und* **miliardo** *das Substantiv mit* **di** *angeschlossen.*
Das **di** *entfällt jedoch, wenn auf* **miliardo** *oder* **milione** *Hunderter, Zehner oder Einer folgen.*

Das Datum

Pasqua è **il 23** (ventitré) aprile.
Oggi è **il 31** (trentun) luglio.
Il 15 (quindici) marzo è il compleanno di Lea.

Mit dem bestimmten Artikel **il** *und den Grundzahlen geben Sie das Datum an.*

Il 1° (primo) maggio i negozi sono chiusi.
Il 1° (primo) agosto parto per Parigi.

Beim Monatsersten müssen Sie aber die Ordnungszahl benutzen.

Parma, 2 gennaio 2001
Parma, 02/01   Parma, 02. 01.
(due gennaio duemilauno)

Beim Datum in Briefen entfällt **il** *sowohl beim Tag als auch beim Jahr.*

Jahreszahlen werden wie Grundzahlen gelesen:
Il **1968 (millenovecentosessantotto)** è stato un anno importante.
Leo è nato nel **1986 (millenovecentoottantasei).**

Außer beim Datum werden Jahreszahlen mit dem bestimmten Artikel benutzt:
Nel 1933 c'è stato un inverno freddissimo.
Per il passaggio **dal 1999 al 2000** ci sono stati grandi festeggiamenti.

Mengenangaben

100 g:	un etto **di** parmigiano
250 g:	due etti e mezzo **di** burro
1 kg:	un chilo **di** mele

Zwischen der Mengenangabe und dem nachfolgenden Substantiv steht die Präposition **di.**

Wenn **mezzo** *alleine steht, dann fällt der unbestimmte Artikel* **un** *weg.*
1/2 kg: **mezzo** chilo **d'**uva   1/2 l: **mezzo** litro **di** vino

Die Uhrzeit

Che ora **è?**
Che ore **sono?**

Die Frage nach der Zeit kön-
nen Sie mit **è** oder mit **sono**
bilden.

 È mezzo-
giorno.

 È mezza-
notte.

Bei Mittag und Mitternacht
gibt man die Zeit mit **è** an, bei
1 Uhr mit **è** + **l'**, ansonsten gibt
man sie mit **sono** + **le** an.

 È l'una.

 **Sono le** due.

 Sono le
due **e** dieci.

 Sono le due **e**
un quarto.

Die Minuten werden in der
Regel von der vollen Stunde
bis zur 39. Minute mit **e** ange-
schlossen.
„Viertel nach" heißt **e un
quarto,**
„halb" wird mit **e mezza** wie-
dergegeben.

 Sono le due
e mezza.

 Sono le due **e**
trentacinque.

 Sono le tre
meno venti.

 Sono le tre
meno un
quarto.

Ab der 40. Minute werden die
Minuten meist von der näch-
sten Stunde mit **meno** abge-
zogen.
„Viertel vor" heißt **meno un
quarto.**

 Sono le tre **meno** cinque.

`08:00` Parto alle otto **del mattino.**

`15:00` Arrivo alle tre **del pomeriggio.**

`03:00` Parto alle tre **di notte.**

`20:00` Arrivo alle otto **di sera.**

Die Uhrzeit wird mit den Grundzah-
len von 1–12 angegeben.
Die Tageszeit fügt man mit **del mat-
tino, del pomeriggio, di sera** und **di
notte** hinzu.

`18:44` Il treno parte alle **18.44
(diciotto e quarantaquattro).**

`21:15` C'è un Intercity alle **21.15
(ventuno e quindici).**

Bei offiziellen Zeitangaben werden
die Stunden und Minuten wie bei
einer digitalen Uhr bis 24 Stunden
bzw. 60 Minuten durchgezählt.

181

Mit der Präposition **a** können Sie einen Zeitpunkt angeben bzw. erfragen:

~ **A** che ora venite?   Um wie viel Uhr kommt ihr?
≈ **Alle** otto e mezza.   Um halb neun.

Die Ordinalzahlen

1° primo	5° quinto	8° ottavo	
2° secondo	6° sesto	9° nono	
3° terzo	7° settimo	10° decimo	
4° quarto			

Die Ordnungszahlen haben von 1. bis 10. unregelmäßige Formen.

11° undicesimo
12° dodicesimo
20° ventesimo

*Ab 11. bildet man sie, indem man -esimo anstelle des Endvokals setzt, z. B. **vent(i)** + **esimo** → **ventesimo**.*

23° ventitre**e**simo
46° quarantase**i**esimo

*Zahlen, die mit **tre** oder **sei** zusammengesetzt sind, behalten den Endvokal bei.*

1° piano: il **primo** piano
2ª classe: la **seconda** classe
Scendiamo alla **terza** fermata.
Le **prime** file sono già occupate.

Ordnungszahlen stehen vor dem Substantiv, auf das sie sich beziehen, und stimmen in Geschlecht und Zahl mit diesem überein.

Die Ordnungszahlen werden verwendet bei:

il IV secolo a. C. (il **quarto** secolo avanti Cristo)
il II secolo d. C. (il **secondo** secolo dopo Cristo)
il XXI secolo (il **ventunesimo** secolo)

– Jahrhunderten,

Carlo V   (Carlo **quinto**)
Giovanni XXIII   (Giovanni **ventitreesimo**)

– Königen und Päpsten.

Bei den Jahrhunderten gibt es vom 13. – 20. Jahrhundert neben der Angabe mit der Ordnungszahl noch zwei weitere Möglichkeiten, z. B.:

13. Jahrhundert: **il '200 / il Duecento**   14. Jahrhundert: **il '300 / il Trecento**
19. Jahrhundert: **l' 800 / l'Ottocento**   20. Jahrhundert: **il '900 / il Novecento**

Konjunktionen

Venite in pizzeria **o** preferite tornare a casa?	*Kommt ihr in die Pizzeria oder bleibt ihr lieber zu Hause?*
Fa già molto caldo **anche se** siamo solo all'inizio di aprile.	*Es ist schon sehr warm, auch wenn es erst Anfang April ist.*

Mit einer Konjunktion verbinden Sie zwei Satzteile oder Sätze miteinander. Nebenordnende Konjunktionen fügen zwei gleichrangige Teile wie z. B. Substantive, Adjektive und Hauptsätze zusammen.
Unterordnende Konjunktionen leiten einen Nebensatz ein.

Nebenordnende Konjunktionen

Nebenordnende Konjunktionen sind:

Luca **e** Giorgio sono fratelli.	– *e (und),*
Ho comprato il giornale, **ma/però** non l'ho ancora letto.	– *ma/però (aber),*
Vuoi un caffè **o/oppure** un tè?	– *o/oppure (oder),*
A mio padre regalo **o** un libro **o** un disco.	– *o ... o (entweder ... oder),*
Oggi non fa **né** caldo **né** freddo.	– *né ... né (weder ... noch),*
Se mi inviti tu, **allora** vengo.	– *allora (dann),*
Allora, dov'è il problema?	– *allora (also),*
La bicicletta di Simona non c'è, **perciò/quindi/dunque** Simona non è a casa.	– *perciò/quindi/dunque (deshalb, folglich),*
Piove, **e tuttavia** non fa freddo.	– *(e) tuttavia (trotzdem),*
Lucio è un tipo molto socievole, **infatti** è simpatico a tutti.	– *infatti (tatsächlich, nämlich).*

Unterordnende Konjunktionen

Unterordnende Konjunktionen kön-
nen eingeteilt werden in:

Quando mi **vede** gira la testa.

– Konjunktionen, die den Indikativ
  verlangen,

Sandro cammina **come se avesse
bevuto** un po' troppo.

– Konjunktionen, die den **Congiun-
  tivo** verlangen (*),

Si sa **che** la pasta non **fa** ingrassare.
Mi dispiace **che** non **possiate** rimanere.

– Konjunktionen, die in bestimmten
  Fällen den Indikativ und in anderen
  hingegen den **Congiuntivo** verlan-
  gen (**).

 Mehr Informationen zum Gebrauch des **Congiuntivo** nach Konjunktionen
finden Sie in den Kapiteln ,,Der **Congiuntivo**'' und ,,Der Bedingungssatz''.

Unterordnende Konjunktionen sind
u. a.:

So **che** sei arrivato ieri sera.
Penso **che** siano le tre.

– **che** (dass)**,

Quando sarete arrivati telefonateci!

– **quando** (wenn),

Quando esco con Lucio non mi annoio.

– **quando** (jedesmal wenn),

Quando mi ha visto ha girato la testa.

– **quando** (als),

Da quando sta con te sembra più calmo.

– **da quando** (seitdem),

Appena sarò libero verrò a trovarti.

– **appena** (sobald),

Leo è arrivato **dopo che** eri uscito.
Dopo aver visto il battistero, siamo
andati al museo d'arte moderna.

– **dopo che** (nachdem),

– **dopo** + Infinitiv Perfekt (nachdem),

Ho preparato il dessert **prima che** arri-
vassero gli ospiti.
Ho preparato il dessert **prima di** andare
in ufficio.

– **prima che** (bevor)*,

– **prima di** + Infinitiv (bevor).

 Nach **prima** und **dopo** kann auch der Infinitiv (**prima di andare**) bzw. der Infinitiv
Perfekt (**dopo aver visto, dopo essere partito**) folgen. Der Infinitiv steht, wenn
Haupt- und Nebensatz das gleiche Subjekt haben.

184

Prima di fare colazione mi lavo e mi vesto.
Bevor ich frühstücke, wasche ich mich und ziehe mich an.
Dopo essere andato in banca, Fabio è andato in ufficio.
Nachdem er in die Bank gegangen ist, ist Fabio ins Büro gegangen.

Potrete rimanere qui **finché** vorrete. Aspettateci **finché non** arriviamo.	– *finché* (solange), – *finché non* (bis),
Mentre andavo a scuola, ho incontrato Furio.	– *mentre* (während),
Non sono uscito **perché** stavo male.	– *perché* (weil),
Siccome/Dato che/Visto che è il tuo compleanno, andiamo al ristorante.	– *siccome/dato che/visto che* (da),
Ho nascosto i cioccolatini **affinché/perché** Giorgio non li mangi.	– *affinché/perché* (damit)*,
Anche se dormo poco non sono stanco.	– *anche se* (obwohl),
Benché/Malgrado/Nonostante/Sebbene dorma poco non sono stanco.	– *benché/malgrado/nonostante/sebbene* (obwohl)*,
Il film è **così/tanto/talmente** triste **che** ci si mette a piangere.	– *così/talmente/tanto ... che* (so ..., dass),
C'era **un tale** vento **che** si faceva fatica a camminare.	– *un tale ... che* (solch ein ..., dass),
Sto male **di modo che/in modo che/per cui** non posso partecipare alla riunione. Parla piano, **di modo che/in modo che** tutti ti capiscano	– *di modo che/in modo che/per cui* (so dass), – *di modo che/in modo che* (so dass)*,
Se ho tempo ti chiamo. **Se** avessi tempo ti chiamerei.	– *se* (wenn, falls)**,
Non so **se** venga anche Leo.	– *se* (ob)*,
Ti presto la macchina **purché/a condizione che/a patto che** tu sia a casa prima di mezzanotte.	– *purché/a condizione che/a patto che* (vorausgesetzt, dass)*,
Ti portiamo noi all'aeroporto, **a meno che non** lo faccia Giorgio.	– *a meno che non* (es sei denn, dass; außer wenn)*,
Luca si comporta **come se** fosse lui il padrone di casa.	– *come se* (als ob)*,
Siamo usciti **senza che** gli altri se ne siano accorti.	– *senza che* (ohne dass)*.

185

1. Zuordnen

Ordnen Sie die Zahlen in Ziffern der jeweils entsprechenden Zahl in Buchstaben zu.

1. 16	a. centotredici	1. ☐
2. 67	b. undicimilatrecento	2. ☐
3. 76	c. milleduecentododici	3. ☐
4. 113	d. duemiladuecentodiciassette	4. ☐
5. 119	e. settantasei	5. ☐
6. 1212	f. quindicimilaquattrocentoquattordici	6. ☐
7. 2217	g. sessantasette	7. ☐
8. 11.300	h. centodiciannove	8. ☐
9. 15.414	i. sedici	9. ☐

2. Entscheiden

*Entscheiden Sie, ob jeweils das Verb im Indikativ oder im **Congiuntivo** benutzt wird.*

1. Non ti ho scritto perché non   a. ☐ avevo / b. ☐ avessi   il tuo indirizzo.

2. Vi abbiamo telefonato affinché   a. ☐ siete / b. ☐ siate   informati.

3. L'ingegner Rossi è sempre molto gentile quando mi   a. ☐ telefona / b. ☐ telefoni.

4. Vorrei vedervi prima che   a. ☐ partite / b. ☐ partiate.

5. Anche se   a. ☐ ho studiato / b. ☐ abbia studiato   molto, l'esame non è andato bene.

6. Vi accompagno io alla stazione se   a. ☐ volete / b. ☐ voleste.

7. Roberto cammina come se   a. ☐ ha bevuto / b. ☐ avesse bevuto   troppo.

8. Ho fatto la spesa dopo che   a. ☐ eri uscito / b. ☐ tu fossi uscito.

9. Vado io a prendere la nonna, a meno che non   a. ☐ vuoi / b. ☐ voglia   andarci tu.

Lösungen

1. 1. il: vestito – i vestiti, cinema – i cinema, ristorante – i ristoranti, caffè – i caffè; **lo:** specchio – gli specchi, sciopero – gli scioperi, zio – gli zii, sport – gli sport; **l':** ufficio – gli uffici, arancia – le arance, albergo – gli alberghi, uovo – le uova; **la:** valigia – le valigie, radio – le radio, stazione – le stazioni, città – le città

1. 2. 1. in + l'; 2. a + gli; 3. di + le; 4. su + i; 5. da + lo

1. 3. 1. la, collega; 2. figlie; 3. una ragazza, amiche, medico, madre; 4. una bambina; 5. l'attrice

1. 4. 1. – ; 2. le; 3. la, il, il; 4. il, i, gli; 5. la, il, la

2. 1. 1. lunghi, corti; 2. italiana, francese; 3. tranquille, attive; 4. bianco, rosso; 5. moderni, antichi; 6. stretti, larghi; 7. rossi, viola; 8. bianchi, verdi

2. 2. 1. bella; 2. bei; 3. bel; 4. begli; 5. bell'; 6. bello; 7. buon; 8. buono; 9. buoni; 10. buoni

2. 3. 1. È la più rotondetta. 2. È meno giovane di Maria. 3. È la più giovane di tutte. 4. È più snella di Marta. 5. È la meno bella. 6. È meno elegante di Marta.

2. 4. 1. facile; 2. facilmente; 3. difficile; 4. naturalmente, bene, buon, puntuale, regolarmente

3. 1. **Einzahl:** la tua foto, il nostro problema; **Mehrzahl:** i miei dischi, i suoi biglietti, le vostre difficoltà, i loro cani

3. 2. 1. questa, quella, quella; 2. quel; 3. quei, quello; 4. quest'/questa

3. 3. 1. quell'; 2. quella; 3. quei; 4. quell'; 5. quello; 6. quel; 7. quegli

3. 4. 1. Ogni; 2. Ognuno; 3. Qualche; 4. qualsiasi; 5. Tutti gli; 6. troppa; 7. nessuno; 8. niente

4. 1. io, voi, io, loro, Ci, Ci, tu, ci, ci, io, lei

4. 2. 1. Le; 2. La; 3. Le; 4. Le; 5. La

4. 3. 1.c; 2.e; 3.d; 4.h; 5.b; 6.f; 7.a; 8.g

4. 4. 1. ci; 2. li; 3. La; 4. Gli; 5. Ne; 6. le; 7. le; 8. lo

5. 1. **io:** bevo; **tu:** leggi, tieni; **lui/lei/Lei:** è, vuole, parte; **noi:** mangiamo; **voi:** cercate; **loro:** dicono

5. 2. **a.)** 1. ero; 2. piaceva; 3. detestavo, era; 4. è arrivato; 5. Era, piaceva, ho cominciato, sono diventata
b.) 1. è stata; 2. ha perso; 3. è successo, correva; 4. è arrivata, aveva sentito; 5. è andata, faceva, ha rubato; 6. andava, è rimasta, aveva dimenticato

5. 3. 1. comprato, comprati; 2. fatto; fatta, trovato; 3. prese, comprate

6. 1. 1. andrai, potrò; 2. andremo, faremo; 3. passeranno, verrà, passerà, saranno; 4. saremo, potrete

6. 2. 1. Avrà dormito; 2. Sarà uscita, avrà preso; 3. Avrà mangiato

6. 3. 1. Mi aiuteresti; 2. Ci farebbe; 3. Ci presteresti; 4. Mi daresti; 5. Mi darebbe

6. 4. **Tu:** 1, 5, 6, 8, 9; **Lei:** 2, 3, 4, 7

6. 5. 1. Non guardare!; 2. Non ci aspetti!; 3. Non prendete ...!; 4. Non telefonarmi ...!; 5. Non si fermi!; 6. Non venga ...!

7. 1. 1.b; 2.a; 3.b; 4.b; 5.a; 6.a

7. 2. 1. stessi; 2. fosse uscito; 3. sarebbero ritornati/ritornassero; 4. fosse; 5. avesse fatto; 6. pagaste; 7. avrei potuto/potessi; 8. andasse

7. 3. 1. abbia; 2. si sposino; 3. si sia annoiato; 4. abbiano divorziato; 5. andiate; 6. abbia detto; 7. possiate; 8. faccia; 9. sia piaciuto; 10. telefoniate

7. 4.   1. facessi, faccia; 2. esca, rimanessi; 3. prenda; andassi; 4. si riunisse, suonasse; 5. restasse; stia

8. 1.   1. ci svegliamo; 2. si alza, prepara; 3. mi alzo; 4. si lava, si fa, si prepara; 5. lavarmi, vestirmi, occuparmi; 6. mi metto; 7. ci vediamo ; 8. mi faccio, va; 9. usciamo, ci sediamo

8. 2.   1. a; 2. da, -; 3. -; 4. di; 5. da; 6. -; 7. -; 8. -; 9. a

8. 3.   1. ha fatto bel tempo, ha fatto un po' fresco; 2. ha/è nevicato, ha fatto molto freddo; 3. ha fatto caldo, mi è piaciuto; non sono bastati

8. 4.   1. Stiamo giocando a carte. 2. Si sta vestendo per uscire. 3. Stanno guardando la televisione. 4. Stavamo cenando. 5. Stavo facendo la spesa.

8. 5.   **Aktivsätze:** 3, 5, 6
          Passivsätze: 1, 2, 4

9. 1.   1. non; 2. no, No, non; 3. No, non; 4. di no, Non, No, non; 5. non, Non, no, Non, non

9. 2.   1. Claudia ha 25 anni. 2. Non vuole ancora sposarsi. 3. Non è innamorata di nessuno. 4. La sera non è mai in casa. 5. Il sabato sera va in discoteca. 6. La domenica non fa niente. 7. Non fa nemmeno una passeggiata. 8. Sta cercando un appartamento in città. 9. Non vuole più abitare fuori città.

9. 3.   1. Come; 2. Di dove; 3. Dove; 4. Quanti; 5. Che; 6. Da quanto tempo; 7. Qual è; 8. Quando; 9. Perché

9. 4.   1. Le posso chiedere/domandare qualcosa? Posso chiederLe/domandarLe qualcosa? 2. Quanto costano queste scarpe?/Queste scarpe quanto costano? 3. Quale autobus va alla stazione? 4. Che ora è?/Che ore sono? 5. A che ora inizia/comincia/incomincia il film? 6. Le piace la Germania?/La Germania Le piace?

10. 1.   1. in cui; 2. a cui; 3. che; 4. con cui; 5. di cui; 6. che

10. 2.   **irreale Bedingungssätze:** 1, 3, 4, 8

10. 3.   1. arrivate; 2. fossi; 3. vieni; 4. rinunciasse; 5. prendiamo; 6. guardassi; 7. amasse

10. 4.   **a.)** 1. ha conosciuto una ragazza molto interessante. 2. si è innamorato di lei. 3. si vedono tutti i giorni. 4. quando non si vedono si telefonano. 5. un giorno si sposeranno. 6. a lui, comunque, piacerebbe vivere con lei.
          b.) 1. aveva conosciuto una ragazza molto interessante. 2. si era innamorato di lei. 3. si vedevano tutti giorni. 4. quando non si vedevano si telefonavano. 5. un giorno si sarebbero sposati. 6. a lui, comunque, sarebbe piaciuto vivere con lei.

10. 5.   1. c; 2. b; 3. d; 4. a

11. 1.   1. i; 2. g; 3. e; 4. a; 5. h; 6. c; 7. d; 8. b; 9. f

11. 2.   1. a; 2. b; 3. a; 4. b; 5. a; 6. a; 7. b; 8. a; 9. b

Index